너무 고민하지 마

나의 사랑하는 잭슨, 새라, 루시, 사일러스에게

# 너무 고민 하지 마

지나친 생각을 멈추고
삶에 더 많은
즐거움을
가져오는 법

이비

"자신의 생각을 늘 유의하라.
생각이 인생을 지배하는 법이니."
―《잠언》4장 23절

# 차례

우리의 경험과 세계, 그리고 심지어 우리 자신조차도 실은

우리가 집중하고 있는 것으로부터 만들어진 것이 많다.

— 위니프리드 갤러거

# 지나친 고민의 파괴적인 영향에서 벗어나라

내슈빌로 향하는 27시간의 일정을 앞두고 일기 예보의 새로 고침 버튼을 계속해서 누르고 있었다. 출발 전에 내선에서 다 처리할 수 없을 만큼 해치워야 할 일이 많았다. 그런데 나는 일기 예보만 연타하는 중이었다. 차라리 다른 일을 하는 게 옳다. 일기 예보만 붙들고 있는 것은 상황을 더 악화시킬 뿐이었다. 그럼에도 시선을 돌릴 수가 없었다.

지난 몇 달간 계획해 온 새로운 프로젝트를 시작하기 위해 남부 지역으로 내려가야 하는 일정이었다. 구체적인 날짜를 잡는 것만으로도 쉽지 않았지만 어쨌거나 마침내 여기까지 진척되었다. 호텔은 이미 오래전에 예약을 했고 출장 가방도 깔끔하게 챙겨 놓았다. 출장 일정을 마무리 지은 뒤 긴 운전에 심심하지 않게 새 오디오북도 다운받았다. 상황을 반전시킬 만한 것은 단 하나, 바로 날씨였다.

이번 주 내내, 나는 계획을 완전히 뒤집어 놓을지도 모를 변덕스러운 폭풍만 주시했다. 남부 지역의 기상청은 갑자기 몰려들어 지역 전체를 덮어 버린 강력한 여름 태풍을 예상하지 못했다. 친구 중 하나가 지난주 친구들과의 모임에서 처음으로 태풍을 알아차렸다. 함께 수다를 떨며 반값에 파는 와인을 홀짝이던 사이, 친구가 우리 어깨너머의 텔레비전을 곁눈질했다. 음 소거로 틀어 놓은 바의 텔레비전에는 한 기상학자가 출연 중이었다.

"얘, 너 내슈빌로 언제 떠난다고? 폭풍이 심상치 않아 보이는데."

친구가 물었다.

대화의 주제가 합리적일 때도, 아닐 때도 있었지만 우리는 언제나 밤을 새우며 우리가 느끼는 두려움에 관해 이야기를 나눠 온 사이였기에, 친구들은 내가 아무리 날이 화창해도 늘 불안을 안고 여행하는 스타일이라는 걸 알고 있었다. 게다가 나는 폭풍우를 뚫고 운전하는 것 자체를 싫어하는 사람이다.

그뿐인가. 바로 몇 주 전, 나는 지금까지 경험한 것 중 최악이라고 손꼽히는 폭풍우를 가족들과 함께 겪었는데 이번에는 똑같은 I-65번 도로를, 그것도 나 혼자 운전해야 할 상황에 맞닥뜨린 것이다.

가족들과 함께 매년 가는 플로리다 여름휴가였다. 그때는 남편 윌이 운전을 했다. 남편의 차분한 성격이 나를 안심시켜 주곤 했지만, 그날만큼은 남편도 겁에 잔뜩 질린 모습이었다. 도로 주변의 공사용 가림 벽 때문에 갓길에 차를 세우는 것도 불가능했고, 기상청의 레이더는 비가 몇 시간이고 계속해서 퍼부을 예정임을 알려 주었다. 사실상 가시거리랄 게 없었다. 여행에서 돌아오고 나서도 친구들에게 고속 도로에서 백중 연쇄 추돌 사고가 나지 않은 게 기적이라고 말했을 정도니 말이다.

"정말 다신 겪고 싶지 않아."

모험담을 털어놓으며 나는 그렇게 말했다.

그러나 지난 닷새간의 기상 예보라면 아마도 똑같은 경험을 반복할지도 모를 일이었다. 아니, 그럴 가능성이 농후해 보였다.

"예보를 주시하는 게 좋을 것 같아."

친구가 말했다.

나는 친구들의 걱정을 새겨들었다. 어쩌면 너무 마음 깊이 새겼는지도 모르겠다. 이번 주 내내 나는 계속해서 날씨를 확인했고, 제발 폭풍우가 사그라지거나 경로가 바뀌기를 빌었다. 그러나 둘 다 바람처럼 되지는 않았고 햇살은 좀처럼 모습을 드러낼 생각이 없어 보였다. 사그라지기는커녕 폭풍은 점점 강해졌고 내 불안감도 폭풍과 함께 거대해졌다.

일정보다 일찍 출발할 수도 없었다. 집에서 해야 할 일들이 있었다. 이번 계절에 여행을 많이 다닌 것도 가족들을 남겨 두고 떠나고 싶지 않은 마음에 보태졌다. 아름다운 여름밤 가족들과 함께하는 저녁 식사나 아들의 중요한 야구 시합을 또 놓치고 싶지 않았다.

그러나 300킬로미터가 넘는 거리를 폭풍우를 헤치며 운전할 자신도 없었다.

결국 나는 컴퓨터 모니터를 뚫어져라 바라보며 다음번 새로 고침 페이지에서는 제발 좋은 소식이 전해지기만을 기다렸다. 그러나 매번, 클릭을 하고 또 할 때마다, 기상청이 전해 주는 일기 예보는 암울하기 그지없었다. 자리에서 일어난 나는 컴퓨터에서 멀찍이 떨어져 현실적인 문제를 처리하고자 했다. 그러나 폭풍의 암울한 그림자에서 벗어날 수는 없었다. 또다시 컴퓨터로 돌아와 새로 고침 버튼만 눌러 댄 것이다. 그리고 한 번씩 클릭을 할 때마다 기분은 점점 더 나락으로 떨어졌다.

곧 나는 너무도 익숙한 고민의 악순환에 빠져들었다. 다른 것에는 집중할 수가 없었다. 이건 내가 잘 아는 신호였다. 깊은 정신적 고뇌에 빠져 건설적인 결과라고는 없이 내 에너지를 쏟아 내는 것 말이다. 나는 해야 할 일을 놓치고 미래를 지레짐작하는 데에만 온 정신이 팔려 있었다.

어떻게 해야 할까 고민을 하면 할수록 정답은 멀어졌다. 지금 떠나야 하나? 기다려야 하나? 기다리면서 희망을 품어 볼까? 고민의 굴레에 깊숙이 빠져들면서 나는 결정을 내리지 못한 채 주저하며 자신감을 잃어 갔고, 그사이 내 앞에 놓인 문제보다 더 큰 고민이 떠올랐다. 대체 어떤 명청이가 날씨 채널만 들여다보며 몇 시간을 죽친단 말인가. 유능한 어른이라면 이 정도의 간단한 결정은 금세 내릴 수 있어야 하지 않을까? 그러다 문득 웃긴 이야기가 떠올랐다. 나는 곧장 친구에게 문자를 보냈다.

현재 상황
: 엄청나게 고민 중. 내슈빌 출장이 이번에 쓸 새 책이 될 듯.
제목은 '너무 고민하지 마'. 어때?

13

## 고민할 것과 고민하지 말아야 할 것

서점에서 《너무 고민하지 마》를 집어 든 당신은 분명 나에게 공감할 것이다. 당신도 나와 같은 처지에 놓인 적이 있을 테니까. 비생산적이거나 파괴적인 고민의 굴레에 빠졌을 때 어떤 기분인지 분명 잘 알 것이다.

우리가 이야기하는 지나친 고민이란 어디서 잠을 자야 하나, 혹은 밥은 무얼 먹어야 하나 등 기본적인 욕구에 대한 것이 아니다. 이런 근본적인 질문들은 관심을 가질 필요가 있고 고민할 가치가 있으니 말이다. 직업을 바꾸는 일이나 인간관계를 끊어 내는 것, 혹은 나라 반대편으로 이사를 하는 것처럼 삶의 아주 중요한 결정을 이야기하는 것도 아니다. 이런 중요한 결정은 정말 심사숙고해야 한다.

지나친 고민이란 그럴 만한 가치가 없는 일에 에너지를 쏟아붓는 것을 의미한다. 자기 생각을 다른 데 쓰는 것이 더 현명하다는 사실을 너무나 잘 알면서도 다른 것을 생각할 수 없는 그런 의미 없는 시간 말이다.

지나친 고민은 때로는 걱정거리처럼 보이기도 한다. 과거에 행한 어떤 일을 복습하거나 미래에 일어날지도 모르는 일을 미리 상상하느라 그것에 갇혀 있을 수도 있다. 상사로부터 받은 짧은 이메일이나 아이 선생님이 써 준 메모를 곱씹으며 상상의 날개를 펼치고 끔찍한 결론에 빠질 때도 있다. 아니면 엄마가 왜 내 부재중 통화에 답을 안 하는지 정교하고 무서운 시나리오를 줄줄 쓸지도 모른다. 친구들이 나를 어떻게 생각하는지, 사랑하는 사람이 나에게 지겨움을 느끼는지, 혹은 도서관 연체료가 그동안 얼마나 쌓였는지를 궁금해하며 잠을 못 이루는 날도 있다.

지나친 고민은 사소한 것에 초조해하며 상대적으로 하찮은 일에 뇌의 공간을 허비하는 것처럼 보일 때도 있다. 새로 산 청바지를 좀 더 큰 사이즈로 교환해야 할지, 세탁기의 온수가 예전보다 덜 뜨거운 것 같다든지 등의 고민에 사로잡혀 어떻게 해야 하는지 모르는 순간이 있다.

지나친 고민은 본인 스스로를 의심하는 것처럼 보이기도 한다. 장 볼 목록에 아무 이유 없이 꽃 한 다발을 적어 놓았다 치자. 그 돈을 쓸 만큼의 가치가 있을까? 혹은 가고 싶은 콘서트가 생겼는데 하루 저녁을 온전히 거기에 써 버려도 될까? 아이들이 새벽의 유성우를 보고 싶어 하는데 밤잠을 포기해도 괜찮을까? 옛 친구들을 만나는 것도 좋지만 동창회에 휴일을 다 써 버리고 나면 후회하지 않을까? 이렇듯 이도 저도 아닌 엉거주춤한 마음이 불편하기 그지없지만 확실한 원칙이나 일관성 있는 철학이 없다면 어쩔 도리가 없다.

우리의 생각을 파고드는 고민의 크기가 크든 작든 우리는 공통적으로 무언가를 인식한다. 이런 생각들은 반복적이고 유해하며 아무런 도움도 되지 않는다는 사실 말이다. 두뇌는 열심히 일하지만 결국 우리는 아무것도 성취하지 못한다. 예일 대학교 심리학 교수인 수잔 놀렌 혹스마 박사는 이와 관련해 여성의 정신 건강과 웰빙에 대한 연구 결과를 발표한 바 있다.[1] 20년간 진행한 연구에서 박사는 지나친 생각이 삶을 더 힘들게 하고, 인간관계를 해치며, 우울증과 심각한 불안증, 그리고 알코올 의존증 같은 정신 질환을 야기할 수 있다는 결론을 얻었다.

지나친 고민은 또한 상당한 기회비용을 수반한다. 정신적 에너지는 무한한 자원이 아니다. 에너지를 필요로 하는 일이 너무나 많아서 어디에 쓸지를 고심해서 골라야 한다.

"하루하루를 어떻게 보내느냐 하는 것은 우리가 어떤 인생을 사느냐와 같은 말이다. 지금 당면한 1시간을 어떻게 보내느냐에 따라 우리의 행동이 결정된다."[2]

퓰리처상을 수상한 미국의 산문 작가 애니 딜러드의 말이다. 우리의 시간을 지나친 고민으로 써 버리는 것이 바로 우리의 행동이란 의미다.

따라서 현실을 직시해야 한다. 누구도 지나친 고민으로 가득한 삶을 살고 싶어 하지 않는다. 그런데 이는 우리가 선택할 수 있는 문제가 아니고 도리어 피할 수 없는 무엇인 듯싶다.

지난 목요일에 나눈 대화, 내가 겪는 불편함이 병원에 갈 정도로 심각한지에 대한 고민, 장을 보러 코스트코에 언제 갈지에 관한 생각 등으로 우리는 소중한 삶을 낭비하고 싶지 않다. 당연히 자신을 위해 더 나은 방법을 원한다. 그런데 어떻게 해야 그 답을 찾을 수 있는지 알 수 없다.

한 친구가 최근 여성 잡지에서 읽은 팁을 하나 말해 주었다. 저녁 식사를 마치고 나면 자신에게 스트레스를 주는 그 무엇도 생각하지 않기로 결심해 보라는 것이었다. 지나친 고민에 빠져들지 말라는 팁이었다.

친구와 나는 이 이야기를 하며 서로 깔깔거렸다. 말은 그럴싸하지만 실제로 이게 어떻게 가능하단 말인가. 무언가에 대해 절대 생각하지 않기로 결정한다고 해서 과연 그 고민을 뚝 끊어 버릴 수 있단 말인가. 우리 삶의 커다란 문제로 다가오는 이 사소한 고민의 실마리를 풀어내기가 이토록 어렵단 말인가.

# 지나친 고민은 여성에게 더 많은 영향을 미친다

　수잔 놀렌 혹스마 박사는 "우리는 지나친 고민의 전염병으로 고통받는다"라고 말한 바 있다.[3] 지나친 고민은 전염병처럼 너무나 널리 퍼졌고, 신경 과학과 사회화의 결합으로 인해 특히 여성들이 괴롭힘을 당하고 있다. 최근 연구에 따르면 여성들은 남성들보다 더 많은 뇌 활동을 하는 것으로 드러났다. 2017년 아먼 클리닉 연구진은 "여성의 뇌는 남성보다 훨씬 더 많은 영역, 특히 집중력이나 충동 조절과 관련된 전두엽 피질, 그리고 기분이나 불안 등 감정과 관련된 뇌의 변연계 영역에서 훨씬 더 활동적인 모습을 보였다"라며 이를 증명하는 영상 자료를 발표했다.[4]

　이런 차이는 여성들이 우유부단함으로 인해 더욱 깊이 곱씹고, 지나치게 분석적이며, 때로는 고민으로 모든 사고가 마비될 가능성이 더 높은 중요한 이유일 수 있다. 우리는 행동하는 대신 인내하고 걱정하며 스스로를 의심한다. 더불어 생물학적 이유인지 사회학적 이유인지 모르겠지만, 어쨌거나 타인과의 정서적 유대에 남성보다 훨씬 더 중점을 둔다. 다음은 수잔 놀렌 혹스마 박사의 말이다.

　"여성들은 외모, 가족, 경력, 건강 등 모든 것에 대해 고민하고 곱씹을 수 있다. 우리는 종종 이것이 단지 여성스러움의 일부분이라고 생각하기도 한다. (중략) 지나친 고민은 여성에게도 해악이다. 지나친 고민은 문제를 해결하는 능력과 의욕을 방해한다. 그리고 이런 행동이 주변 친구들이나 가족과의 관계를 악화시키기도 하며 동시에 정서적 건강을 해칠 수도 있다. 여성은 남성보다 우울하거나 불안함을 느낄 가능성이 두 배 정도 크며, 여성들이 지나치게 오래 고민하는 경향도 그 이유 중 하나로 보인다."[5]

최근의 연구들만 보더라도 이런 문제가 점점 더 악화될 거라는 사실이 자명하다. 한 연구 결과에 따르면 1989년에서 2016년 사이의 출생 코호트를 분석해 보니 불안감이 증가했음에도 불구하고 완벽주의 역시 시간이 지나며 함께 높아졌다.[6] 완벽주의는 제1부 제2장에서 살펴볼 테지만 지나친 고민과도 강한 연결 고리를 갖는다. 오늘날 젊은 세대들은 이전보다 훨씬 더 경쟁적인 환경과 비현실적인 기대에 직면해 있으며, 이런 사회적 상황이 젊은 세대의 정신적 혹은 정서적 웰빙에 나쁜 영향을 미친다고 할 수 있다.

그러나 꼭 이렇게 되리란 결론을 내릴 필요는 없다. 나아질 수 있고 나아져야 한다. 손을 놓고 있기에는 결과가 너무 심각하지 않은가.

# 이 책을 활용하는 방법

이 책은 나처럼 언젠가 과거를 돌아보며 자신이 잘 살았음을 공언하고 싶은 사람들을 위한 것이다. 잘 사는 일은 잘 생각하는 것에 달려 있다. 우리는 결정에 따르는 피로감을 극복하고, 감정에 압도당하지 않으며, 삶에 더 많은 평화와 기쁨을 가져오는 방법을 배우고 싶어 한다. 다시 말해 우리의 일상에 접목할 전략을 배우고 싶어 한다는 뜻이다.

시간이 흐르면서 나는 나만의 문제 해결 방법을 갖게 되었다. 지나친 고민으로 생각의 영역에서 방황할 때마다 의지할 방법을 찾았다는 의미다. 세월이 흐르는 사이 나는 단순한 전략과 미묘한 시각의 변화가 삶을 훨씬 쉽게 만드는 눈부신 순간의 기폭제가 된다는 사실을 깨달았다. 한 번에 하나씩 일어나는 작은 변화는 단지 작은 변화에 불과하다. 그러나 이런 순간이 누적되면 삶은 근본적으로 변화하기 마련이다.

내가 가진 정보를 사람들과 나누고 싶어서 이 책을 쓰게 되었다. 지나친 고민이라는 주제를 다루는 유용한 책은 이미 너무도 많지만, 그럼에도 내가 지나친 고민과 생각에 빠져 있다는 사실을 깨닫게 해 주거나 혹은 이런 문제에서 벗어나게끔 도와줄 만한 효과적인 전략은 찾을 수 없었다. 지나친 고민에 대해 조금씩 알게 되면서 고민이 우리의 삶에 얼마나 많은 영향을 끼치고 있는지를 깨닫고 놀라지 않을 수 없었다. 나는 우리가 더 발전하기 위해 노력하는 과정에서 빚어지는 지나친 고민의 파괴적인 영향과 이를 피할 수 있는 방법에 관한 책을 쓰고 싶었다.

시작은 블로그였다. 내가 제일 좋아하는 게시물은 다소 연관이 없는 주제들이 한데 엮여 새로운 방식으로 스스로를 돌아보며 통찰력을 얻게 해 주는 방식의 글이었다. 이 책은 이와 같은 방식으로 주제와 범위에 접근해 쓴 것이다. 당신이 기대하지 않던 것들을 선으로 구분 지어 나누고, 당신이 어쩌면 예상치 못한 주제들을 다루며, 그 주제를 다룬 기존의 책보다 훨씬 더 넓은 시야로 탐구해 보는 것이다. 유용하리라 믿고 집필을 계속했다. 특히 나와 같은 여성 독자들에게 정말 필요한 주제라고 생각했다.

다음 세 가지 행동으로 지속적인 고민을 멈추는 방법을 배울 수 있다.

첫째, 성공을 위한 준비를 해 보자. 쉽게 고민에 빠지지 않는 사람이 될 수 있는 몇 가지 기본적인 주요 태도를 탐구할 것이다.

둘째, 지휘권을 갖자. 애초에 건강하지 못한 사고 패턴을 극복하는 방법과 처음부터 이런 사고에 빠져들지 않을 효과적인 실천 방법을 터득할 것이다.

셋째, 긍정적으로 생각하자. 오래 고민하는 사람들은 굉장히 빈번하게 인생의 단순한 즐거움에서 벗어나고자 발버둥 친다. 이런 사람들은 긍정적으로 생각하는 방법을 익힐 것이다.

당신도 과한 고민으로 삶을 망가뜨리지 않을 수 있다. 지금보다 더 발전할 수 있다. 다만 순식간에 가능한 것은 아니다. 사고방식을 통제하는 것은 일종의 과정이다. 나 역시 똑같은 과정을 거쳤다. 어떤 기간에는 굉장히 잘 해내기도 했다. 내가 시간을 보내는 방법에 만족했고, 더 나아가 내 삶에도 만족했다. 또 어떤 기간이 되면 고군분투하면서 아마 앞으로도 계속 이렇게 사투를 벌이겠거니 했다. 나는 결코 '끝났다'라고 말하지 않을 셈이지만, 내가 지금 어느 과정까지 도달했는지는 알 수 있다. 지금까지의 과정이 결코 쉽지 않았지만, 분명 그럴 가치는 있었다. 그리고 여러분 역시 할 수 있다.

이 책을 통해, 우리는 지나친 고민을 극복할 여러 가지 방법에 대해 탐구한다. 어떤 전략은 평범하고, 어떤 전략은 이해하기 쉬우며 즉각적으로 삶을 변화시킬 것이다. 돈과 추억에 대한 것도 있고, 단순하고 흔한 조언도 있다. 다루기 무거운 것도 있고, 답이 분명하지 않을 때 도움이 될 만한 팁도 있다.

마지막으로, 지난 6월 나를 괴롭히던 내슈빌 사건을 해결해 준 전략도 있다.

자, 그럼 이제 우리 집 주방에서 기상청 웹사이트에 갇혀 미친 여자처럼 새로 고침을 연타하며 절대 해결되지 않을 문제의 답을 찾아 헤매던 그때로 돌아가 보자.

내 친구는 전화를 걸어 나의 SOS 문자에 한바탕 웃고는 이렇게 물었다.

"여행의 어떤 사소한 부분이 그렇게 스트레스인데?"

그녀는 정확하게 무엇이 고민인지를 물어보았다. 나는 다음과 같이 대답했다.

"나한테 주어진 선택 사항이 마음에 안 들어."

처한 현실을 소리 내 말하는 것은 어쩐지 불평처럼 느껴지지 않는다. 오히려 입 밖으로 꺼내는 순간 문제는 명확해진다. 내가 어떤 선택을 해도 나는 결코 행복해지지 않을 것이었다.

설령 결과가 마음에 들지 않는다고 해도, 그게 틀린 결과라는 뜻은 아니다. 그리고 어떤 선택을 하든 전혀 문제 될 게 없다.

그때 나는 정신을 차렸다. 이번에는 정말 목적을 가지고 일기 예보를 확인했다. 도로 상태도 찾아보았다. 확실한 일정을 가지고 컴퓨터에서 벗어나 몇 시간 후 길을 떠났다. 원래 예정보다 22시간 정도 빠른 출발이었다. 완벽하지는 않지만 효과적이었고, 내 결정이 다행스럽게도 옳았다. 운전을 하는 내내 비는 조금밖에 내리지 않았기 때문이다.

〈다음 단계〉
다음 질문에 답을 해 보며 자신이 지나치게 고민하는 사람인지 아닌지 알아보자.

- 때때로 그럴 만한 가치가 없는 것들에 정신적 에너지를 낭비하는가?

- 자기 생각을 다른 곳에 쓰는 게 더 낫다는 걸 알면서도 고민에 빠질 때가 있는가?

- 과거에 일어났던 일을 곱씹으며 가슴이 답답해진 적이 있는가?

- 자주 스스로를 의심하는가?

- 사소한 일에 신경 쓰고 상대적으로 하찮은 문제에 관해 고민하며 너무 많은 시간을 허비하고 있는가?

- 생각에 잠겨 때로 밤잠을 설치는가?

- 반복적이고, 건강하지 못하며, 전혀 도움 되지 않는 생각을 계속 이어 나가는가?

만약 '예'라고 대답한 질문이 있다면 지나치게 고민하는 성향이다. 이 책을 계속 읽어 나가자. 더는 고민할 필요가 없다.

제1부
성공을 위한 마음가짐

아무 일도 일어나지 않았다. 그녀는 그저 선택을 했고 그 후로도 이런저런 선택을 이어 나갔다. 돌아보면, 누구나 하는 작은 선택이 삶에 더해지는 것일 뿐.

—J. 코트니 설리번

제1장

# 나는 왜 계속 고민하는가

내 한 친구는 그녀 말을 빌리자면 '만성적으로 오래 고민하는 스타일'이다. 그녀는 태어날 때부터 그랬다며 그게 바로 자기 자신이라고 했다. 더는 설명이 필요 없다는 듯 말이다.

그녀는 여성들이 가족을 너무 사랑해서 가족에 대한 걱정을 멈출 수 없다고 말하는 게 꽤나 귀엽다고 한다. 여성들은 집에서도 직장에서도 혹은 인간관계에서도 모든 것이 옳게 흘러가야 한다는 강박에 젖어 있기 때문에 항상 고민에 고민을 거듭한다. 지나친 고민이 대화의 화두가 될 때마다 그 친구는 "그렇지만 뭐 어쩌겠어?"라며 수사적 질문으로 대화를 끝낸다.

그녀는 자신이 할 수 있는 일이 아무것도 없다고 생각한다. 주변을 돌아보면 이런 생각을 지닌 여성을 자주 보게 된다. 아무것도 할 수 없다는 생각을 자연스럽게 여기는 것이다.

이런 오해는 흔하지만 해가 되지는 않는다. 그러나 사실과 상관없이 이런 사고방식은 변화를 불가능하게 만든다. 할 수 있는 일이 아무것도 없다고 여기면 아무 행동도 하지 않게 된다. 몇몇은 다른 사람들에 비해 선천적으로 더 결단력 있고, 더 느긋하기도 하고, 자신감도 더 높을 수 있다. 그리고 또 몇몇은 지나치게 오래 고민하는 경향이 있다. 그러나 그 모든 것은 출발점일 뿐 마지막은 아니다. 우리가 결국에 이르게 되는 종착지는 아닌 것이다.

## 변화할 수 있다는 믿음

지나친 고민은 내게도 언제나 자연스러웠다. 물론 나 역시 지나친 고민을 하지 않는 것이 결코 쉬운 일은 아니다. 나는 생각을 통제하는 법을 배워야 했다. 또한 세월이 흘러도 지나친 고민을 하지 않으리란 기대는 버린 지 오래다. 그러나 나는 꽤 오랜 시간을 고민하지 않고 보낸 것에 만족한다. 실제로 외양적으로는 오래도록 고민하지 않는 모습이 더 자연스러운 내 모습일지도 모른다. 그러나 외면만으로는 내 이야기를 다 담을 수 없다.

이 아이디어는 150년가량 이어진 오래된 한 화장품 회사의 광고 문구에서 따왔다.

'어쩌면 원래 타고났는지도 몰라. 어쩌면 메이블린(Maybelline)일지도 몰라.'

어렸을 때부터 나는 이 광고를 참 좋아했다. 광고에 나오는 여자들은 항상 아름답고 예쁜 옷을 입었다. 시청자들은 광고 모델이 잠에서 깨어났을 때부터 늘 그런 모습이었는지, 아니면 그런 모습을 얻기 위해 메이블린 화장품을 썼는지 의문을 품었다(물론 어린 시절에도 대답은 언제나 '메이블린 화장품을 썼을 것'이 분명했지만).

자, 고민이 여기 숨어 있다. 아니면 고민을 하지 않는다는 말이 더 정확할 수도 있겠다. 어쩌면 우리는 자신을 의심하지 않는 사람을 보며 '나도 저 사람처럼 되고 싶다'라고 생각하는지도 모른다. 혹은 더 나아가 '난 절대 저 사람처럼 되진 않을 거야'라고 생각할 수도 있다. 광고 속 저 모델은 결코 부정적인 사고에 말려들지 않을 것만 같고 자신을 의심하지도 않는 것 같은데, 대체 우리는 왜 그럴까? 우리는 어쩌면 저 모델이 저렇게 타고났다고 생각할지도 모른다. 그런데 만약 그렇지 않다면? 만약 저 모델도 천천히 조금씩 배워 온 거라면?

나 역시 전자에 속한 사람들을 존경하지만, 사실 나는 후자에 가깝다. 지금은 힘들어 보이지 않을지도 모르나, 나 역시 노력해서 고민하지 않는 법을 터득한 사람이다. 여러분도 마찬가지다. 완벽은 가능하지 않지만, 변화는 가능하다.

## 나를 다르게 묘사해 보기

첫 번째 책《사람 읽기(Reading People)》에서 나는 우리가 자신을 보는 방식이 어떻게 삶에 큰 영향을 미치는지에 관해 썼다. '나는 ___ 사람이다'라는 문구에서 빈칸에 어떤 말이 들어가든 이는 강력한 진술이 된다. 빈칸을 어떻게 채우느냐에 따라 우리 행동에도 엄청난 변화가 일어날 수 있다.

나는 당신이 지금부터 자신을 만성적인 과잉 고민에 빠진 사람이라고 생각하지 않았으면 좋겠다. 본인 스스로를 이렇게 칭하지 말자. 지나친 생각은 더 이상 당신의 정체성의 일부가 아니다. 대신 머릿속에만 있는 본인의 모습을 다음과 같은 모습으로 묘사해 보는 것은 어떨까?

- 나는 내가 내린 의사 결정에 불안해하지 않으며, 대신 기쁨과 평안을 더 많이 경험하는 사람이다.
- 나는 자신감이 넘치고, 유능한 의사 결정 방법을 더 많이 배울 수 있는 사람이다.
- 나는 습관적으로 스스로를 의심할 필요가 없는 사람이다.
- 나는 중요하지 않고 유익하지도 않으며 도움이 되지도 않는 것들을 걸러내는 방법을 배우는 사람이다.
- 나는 지나친 고민을 멈추기 위한 전략을 개발하는 사람이다.
- 나는 일이 계획대로 진행되지 않아도 우아한 자세로 길을 우회할 수 있는사람이다.
- 나는 삶의 좋은 것들을 받아들이기 위해 지나친 고민을 접어둘 수 있는 사람이다.

  사고방식을 바꾸는 것은 첫 시작이지만 아주 중요한 단계다. 이제 할 일이 생긴 것이나 다름없다. 변화는 절대 저절로 혹은 하룻밤 사이에 이루어지지 않지만, 언젠가 분명 일어난다.

# 나의 생각은 적이 될 수도, 동맹이 될 수도

대학을 졸업하고 2년 후 쌍둥이 빌딩이 무너졌다. 테러가 일어나던 그 시각 나는 뉴욕에서 멀리 떨어진 프라하에서 미국으로 돌아오는 비행기 안에 있었다. 체코에서 출발한 지 몇 시간 만에 내가 탄 비행기는 급히 유럽으로 방향을 돌렸다. 그곳에서 나는 9·11 테러, 벌에 쏘이기, 알레르기 반응, 독일 응급실 등의 비극과 단순한 불운이 겹쳐 난생처음 공황 발작을 겪었다.

몇 주 후, 마침내 미국으로 돌아온 나는 그 길로 의사를 찾아갔다. 의사는 내 경험이 흔한 일이라고 했다. 9·11 테러 이후 높아진 스트레스가 벌에 쏘였을 때 유발되는 공황 발작에 취약했다는 것이다. 공황 발작은 더 심한 공황 발작을 일으키기 때문에 스트레스를 빠르게 줄이는 방법이 필요하다고 했다. 내가 경험한 것 하나하나가 내 신경계에 흠집을 내고 또 다른 공황 발작을 훨씬 쉽게 일으키도록 만들 수 있다는 말이었다. 나는 내 몸이 공황 발작을 일으키는 일종의 길목을 내는 것이 싫었다.

의사는 신경 안정제와 혈압약을 처방해 주면서 작별 인사를 건넸다. 그러면서 자기도 모르게 그 자리에서 내 인생을 바꾸는 발언을 해 주었다.

"정신의 영역이 제 전문 분야는 아니지만, 당신의 생각이 당신에게 적이 될 수도 있고 당신과 동맹을 맺을 수도 있어요."

의사의 관찰법이 꽤 흥미로웠다. 그 말이 무엇을 의미하는지, 또 어떻게 실천해야 하는지를 완벽히 파악한 것은 아니지만, 생각이 건강과 웰빙, 즉 이전에는 별로 생각하지 못하던 것과 밀접하게 연결되어 있다는 사실을 깨달을 수 있었다. 그뿐 아니라 생각과 건강의 관계를 탐구하는 것이 무엇보다 중요하다는 사실도 이해하게 됐다. 나는 여러 사람의 방식을 좇아 탐험을 시작했다. 건강과 명상 그리고 마음의 건강을 위한 자료를 찾아 도서관과 서점을 드나들었다. 그리고 내 생각에 훨씬 더 세심한 주의를 기울이기 시작했다.

관련 책들을 읽으면서 생각이 삶을 얼마나 깊이 통제할 수 있는지 깨달았다. 정말 놀라웠다. 능력은 줄곧 그 자리에 있는데 미처 깨닫지 못했을 뿐이다. 내 생각이 나와 동맹을 맺을 수 있다는 말이 어떤 의미인지, 그러려면 어떻게 해야 하는지도 알게 되었다.

# 손이 닿을 곳에 답이 있다

'지나친 생각을 그만하고 싶다'는 여성들과 많은 대화를 나눠 봤지만, 사람들은 좀처럼 다른 행동을 하려 들지 않는다. 가능하다고 믿지 않기 때문에 아무것도 하지 않는 것이다. 이게 어떤 느낌인지는 충분히 알고 있다. 나도 그들과 같은 생각을 하고 살았기 때문이다. 의사의 말은 나에게 변화할 힘이 있음을 깨닫게 해 주었다. 할 수 있다는 걸 알고 나서 나는 방법을 찾기 시작했다. 변화가 가능하다는 사실을 아는 것이 중요하다. 해결책이 존재한다고 믿지 않으면 우리는 해결책을 찾을 수 없다.

최근에 있던 일이다. 나의 잘못된 추측이 해결책을 잃어버린 케이스다. 우리 집에는 가족이 사용하는 미니밴이 한 대 있다. 누구나 꿈꾸는 드림카는 아니지만, 나는 그 차를 꽤 좋아한다. 특히 차에 달린 후방 카메라가 마음에 들었다. 안전하게 차선을 변경할 수 있게끔 도와주는 카메라였다. 근데 문제는 카메라가 매우 변덕스럽다는 점이었다. 후진을 하거나 오른쪽 방향 지시 등을 켜면 카메라도 동시에 작동을 해야 하는데, 때로는 꺼져야 할 때 꺼지지 않거나 필요하지 않아도 저절로 켜지곤 했다. 너무나 불편했지만 어쩔 도리가 없었다. 아니, 그냥 그렇게 추측했다.

그런데 지난 겨울, 열여섯 살이 된 아들이 연습 면허를 땄다. 미니밴을 뽑은 지 1년쯤 지났을 때다. 어느 날, 아들이 운전대를 잡고 방향 지시 등을 켜며 전에 알아차리지 못한 버튼을 발견했다. 아들이 물었다.

"이 버튼은 뭐예요?"

남편 윌과 나는 그 버튼이 거기 있는지도, 어떤 기능을 하는지도 몰랐다. 우리는 아들에게 버튼을 눌러 보고 어떤 작동을 하느냐고 물었다.

당신은 그 버튼이 무슨 기능을 하는지 추측할 수 있는가? 물론 짐작했으리라 믿는다. 바로 카메라를 끄는 버튼이었다.

1년 넘도록 불필요한 카메라를 끄지 못한 내 무능이 끝도 없이 답답했다. 문제를 해결할 수단이 1년 내내 그 자리에 있는 줄을 모른 것이다. 해결책이 있으리라고는 꿈에도 생각하지 못했기 때문에 나는 해결책을 찾을 수 없었다. 해답이 말 그대로 내 손끝에 있는데도 알지 못한 것이다.

지나친 고민에 관해 우리 중 많은 사람 역시 이와 같은 문제를 가지고 있는 게 사실이다. 우리는 지나친 고민에 신경을 쓰지만 손이 닿을 곳에 답이 있다는 사실을 깨닫지 못해 해결하기가 어렵다.

물론 지나친 고민을 줄이는 것이 방향 지시 등의 버튼을 누르는 일만큼 간단하지는 않다. 그러나 만약 우리가 마음 대로 할 수 있는 전략과 그것을 사용하는 방법을 갖게 된다면 어떻게 될까?

나는 운전을 배우는 것과 같은 방식으로 내 사상에 관해 논쟁하는 것을 좋아한다. 놀랍게도 나는 자동차와 친숙한 편이 아니니, 계속 자동차와의 유사점을 가지고 비유를 늘어놓는 게 우습기는 하다. 그러나 이 비유는 정말 효과적이다! 자동차는 복잡한 장비이고 인간의 두뇌도 그렇지 않은가.

안전하게 운전하려면 운전자는 차량을 작동시키기 위한 기본적인 것들을 배워야 한다. 시동 스위치 누르기, 사이드 미러 확인하기, 방향 지시 등 사용하기, 사이드 브레이크 채우기 등을 알아야 한다. 와이퍼 작동, 주유, 엔진 오일 교환 방법 등도 알아야 한다. 하지만 그게 전부는 아니다. 정지된 차량을 발견하면 방향을 틀고, 보행자가 보이면 브레이크를 밟고, 내 차에 바짝 붙어 운전하는 뒤차는 따돌려야 한다. 또한 펑크 난 타이어처럼 비상사태가 생겼을 때 어떻게 처리해야 하는지도 알아야 한다. 그래야만 차와 운전자가 원활하게 작동할 수 있고 문제가 발생할 때 제대로 대응할 수 있다.

지나친 생각도 마찬가지다. 때로 우리는 그 순간 지나친 고민이 불러일으키는 활성화된 망상을 방어할 필요가 있다. 우리가 부정적인 사고의 패턴에 사로잡혀 있음을 알아차리는 일은 같은 차선에 멈춰 서 있는 차량을 목격하는 것과 같다. 무서운 결과를 피하기 위해 진로를 바꿀 필요가 있는 것이다. 다음 장에서 과대 고민의 능동적이고 활성화된 망상을 극복하기 위한 전략을 배울 것이다.

한편, 지속적인 생각에서 벗어나기 위해 우리는 도움이 되는 생각의 일상, 즉 차량을 오랫동안 잘 작동하게 할 수 있는 기술과 습관도 개발해야 한다. 생각을 통제하는 것은 힘들 수 있다. 어쩌면 가능성이 희박할 수도 있다. 따라서 초반에는 당연히 힘들 수밖에 없음을 기억하자.

## 불가능이 영원한 것은 아니다

몇 년 전, 우리 아이 중 하나가 과외를 시작했다. 과외 선생님이 가르치는 행렬 수업에 참관한 적이 있다(수업 내용이 너무 어려워 나는 따라가기도 벅찼다). 아이는 첫 숫자

열을 힘겹게 통과했다. 과외 선생님이 더 어려운 숫자 열에 도전해 보겠느냐고 물었다.

아이가 "그건 너무 어려울 거 같아요"라고 대답했다. 투덜거리지도 않고 불평하는 투도 아니었다. 그저 단순한 사실이었다. 아이는 문제를 해결할 수 없다고 생각했고, 나역시 개의치 않았다.

그런데 과외 선생님이 반사적으로 "지금은 당연히 어렵지"라고 받아치는 게 아닌가.

선생님은 아이에게 계속해서 실력을 쌓아 나가면 행렬은 더 이상 어렵지 않을 것이라고 설명했다. 오늘은 당연히 힘들지만 이 어려움이 오래 지속되지는 않을 거라고 말했다.

수업이 끝나고 선생님이 나를 잠깐 불러냈다. 그는 아이가 자신의 능력을 믿는다면 더 나아질 수 있으며, 꾸준히 연습 문제를 푼다면 오늘은 해결 불가능한 문제라도 내일은 해결할 수 있을 것이라고 설명했다.

그는 또 "학생들에게 힘든 숙제를 내 주지만, 어려움은 영원하지 않아요"라고 말했다. 연습만 하면 언젠가는 해결할 수 있고, 머지않아 수학을 잘하게 될 것이라고 했다.

잘 생각하는 법을 배우는 것은 하나의 과정이다. 어떤 전략들은 실행이 간단한 반면, 어떤 전략들은 매우 어렵다. 어떤 사람들은 방향 지시 등 옆의 버튼을 누르고 싶어 하지만, 다른 사람들은 인내심을 필요로 한다.

새로운 정신적 패턴과 사고방식을 채택하는 것이 처음에는 위압감으로 다가올 수도 있다. 하지만 전혀 놀랄 일이 아니다. 우울증이나 불안과 같은 정신 건강 문제에 대한 총체적 접근법을 옹호하는 통합 의학 전문의 헨리 에먼스 박사는 자신의 저서 《침묵의 화학(The Chemistry of Calm)》에 "현재의 '마음' 상태가 우리의 자연적인 존재 방식이라고 느끼는 게 전혀 놀라운 일이 아니다"라고 쓰고 있다. 그는 또 다음과 같이 말한다.

"어린 시절부터 우리는 깨어 있는 시간 중 많은 시간을 사고 습관을 강화하는 데 쓰고 있다. 우리는 관심과 반복을 통해 이 사고방식에 힘을 싣는다. 그러므로 꾸준히 실천한다면 그게 어떤 방식이든 결국 우리는 능숙해질 것이다."[1]

따라서 우리는 고맙게도(혹은 반대로) 그동안 연습해 온 지나친 생각에 익숙해졌을 뿐이다.

그렇기 때문에 우리는 새로운 전략을 실천해 봐야 한다. 새로운 사고방식을 연습하고 새로운 사고 습관을 강화하면 지나친 고민을 하지 않는 데 훨씬 더 능숙해질 수 있다.

# 한 번에 한 걸음씩

지나친 생각에 사로잡히는 것은 악순환을 부른다. 헨리 에먼스는 이와 관련해 다음과 같이 설명한다.

"우리 중 많은 이가 반복적인 연습을 통해 건강하지 못한 신경 회로를 강화한다. 두려운 생각이나 패배주의적인 생각을 반복할 때마다 우리는 그런 생각을 다시 하기 쉽게 만드는 연계를 강화한다."[2]

다시 말해 우리가 지나치게 고민을 하면 할수록 더 고민하게 된다는 것이다.

작은 것부터 시작해서 그 순환 고리를 깰 수 있다. 수잔 놀렌 혹스마 박사의 연구가 이 전략의 효과를 입증한다. 그녀는 이와 관련해 다음과 같이 말한다.

"문제를 해결하기 위해 사소한 일을 자주 하는 것을 '문 밖의 기술'이라고 한다. 작은 노력으로 한 발을 내디디면 우리의 온몸이 문안으로 들어오기가 쉬워진다. 다시 말해 작은 승리가 쌓이면 마침내 해결하게 된다는 것이다."[3]

이것이 실제 행동으로 어떻게 나타나는지 예를 들어 보겠다. 몇 년 전, 한 친구가 자녀들의 학교 교육에서 큰 변화를 겪게 되었다. 그녀는 선택 사항에 대해 몹시 흥분했다.

이 문제가 예전에도 엄청난 걱정거리였기 때문이다. 친구는 수십 명의 학부모와 이야기를 나누었고, 도서관에서 책을 한가득 대출했으며, 다른 교육학적 접근법을 연구하기 시작했다. 그 과정에서 그녀는 이 문제를 해결하려면 대학원 학위나 완벽한 교육 철학이 필요할 것 같다는 생각에 완전히 압도되어 버렸다. 엄청나게 많은 시간이 걸릴 게 분명했다. 친구는 잘못될 가능성과 선택 사항을 마음속으로 헤집으며 밤잠을 이루지 못하고 있었다.

정신 상태가 완전히 무너지기 직전, 그녀는 내가 1년 전 비슷한 고민을 했다는 사실을 떠올리고 나에게 도움을 청했다. 나는 친구에게 그러지 말고 한 걸음씩 나아가자고 제안했다. 지금 당장 완벽한 계획을 세우지 못해도 괜찮다고 말이다. 실행 가능한 다음 단계를 밟으면 그만이었다. 친구는 실제로 행동에 나섰다. 그날 당장 사전 대학 답사 일정을 잡았다. 기분도 한결 편안해졌다.

너무 많은 생각은 과한 생각을 불러온다. 이런 순환 고리를 끊기 위해서는 사고의 패턴을 바꿀 필요가 있다. 올바른 방향으로 작은 한 걸음을 내디디면 된다. 그러면 다시 올바른 선택을 하기가 훨씬 쉬워지고 그다음 단계가 용이해진다.

지나친 생각에 사로잡히는 것이 악순환이라면, 자기 생각을 끄집어내는 것은 선순환이다. 헨리 에먼스는 이와 관련해 다음과 같이 말한다.

"이처럼 (부정적인) 생각을 지속하는 것만 멈출 수 있다면, 생각은 점차 약해질 것이다. 그리고 곧 낡은 신경 회로를 대신할 새롭고 건강한 신경 회로를 만들 수 있다."[4]

새로운 전략을 배우고자 한다면 이 책에서 작은 발걸음을 옮겨 보자는 나의 조언을 자주 접하게 될 것이다. 아주 사소한 것이라도 이 순환 고리를 끊을 만한 한 가지만 골라 보자. 이 책에 담긴 전략을 실행하고 그 과정을 신뢰한다면 과도한 생각의 끈을 느슨하게 풀 수 있다. 자신감과 지식이 늘어나는 것을 깨닫게 되고, 다음 단계는 더욱 쉬워질 것이다.

우리 모두 지나친 고민에 사로잡힌 채 살 이유가 전혀 없다. 해결 과정을 신뢰하며 다음 단계를 준비해 보자.

자신을 바라보는 방식은 어떤 삶을 살아갈 것인지에 엄청난 영향을 미친다. 지나친 생각이란 관점에서, 당신은 현재 자신을 어떻게 바라보고 있는가? 다음 빈칸을 채워 보자.

- 나는 다음과 같은 사람이다.

- 미래의 당신은 어떤 사람이 될 것 같은가?

- 미래의 나는 다음과 같은 사람이 되고 싶다.

명확성은 문제를 완전히 호도한다.

— 앤 라모트

# 제2장

# 당신이 하는 일을 지켜보라

어린 시절, 남편은 반복되는 딜레마에 직면했다. 엄마가 쇼핑몰인 타깃에 갈 때마다 장난감 통로를 탐험하고 가족용 시리얼을 고르고 용돈으로 야구 카드 사는 것을 즐긴다는 점을 이용해 남편에게 따라오라고 유혹을 했다는 것이다.

월은 타깃에서 쇼핑하는 것을 좋아했다. 그래도 동네 친구들과 노는 것만큼은 아니었다. 월은 쇼핑에 따라가고 싶으면서도 친구와 놀 기회는 놓치고 싶지 않았다. 어린 월의 가장 큰 두려움은 자신이 재미있는 쇼핑을 마치고 돌아오는 사이에 친구가 놀러 오라고 전화를 하는 것이었다.

엄마가 쇼핑을 가자고 할 때마다 월은 선택해야 했다. 쇼핑을 따라가야 할까, 아니면 친구가 놀자고 할 때를 대비해 집에 있어야 할까?

엄마는 윌이 고민하는 내내 조바심을 내며 기다리곤 했다. 그는 두 가지 사이에서 끈질기게 갈팡질팡했다.

나는 이 이야기를 수없이 들었고, 그때마다 웃음이 터졌다. 어린 시절의 남편은 '분석 마비'를 겪고 있었다. 우리가 무언가를 지나치게 고민하는 상태 말이다. 우리 모두 경험해 본 적이 있지 않은가. 사실 어른들이 일곱 살짜리 아이보다 지나친 고민에 빠지는 일이 훨씬 더 많다.

윌의 행동이 무엇을 의미하는지는 파악하기 쉽지만, 분석 마비는 우리 삶에서 쉽게 인식할 수 있는 것이 아니다. 우리는 자신의 행동을 분명하게 바라보기가 어렵기 때문이다. 고민이 가까이 있으면서 우리를 사로잡기에 자신의 사고 패턴이 문제가 되는 경우를 제대로 인식하지 못한다. 또한 우리는 자신의 행동을 이성적이라고 여긴다. 그러면서 자신이 의지하고 스스로에게 다소 도움이 된다고 생각하는 의사 결정 스타일이 사실은 과한 생각에 매우 호의적이라는 점을 깨닫지 못한다.

과한 생각의 굴레에서 벗어나기 위해서는 사고하는 방식에 주목해야 한다. 윌의 어린 시절을 바라보는 객관적인 눈으로 자신의 행동을 관찰하면서 자기가 무엇을 하는지

지켜볼 필요가 있다.

## 분석 마비 징후에 집중하자

분석 마비는 매우 위험하다. 그냥 내버려 두면 스스로 해결하지 못하기 때문이다. 분석 마비에서 벗어날 방법을 생각하지 못한다. 무슨 일이 일어나고 있는지 인지하고 개입하지 않는 한 우리는 꼼짝도 할 수 없다.

분석 마비의 일반적인 증상은 다음과 같다.

- 결정을 나중으로 연기한다.
- 더 나은 선택 사항이 제시되기를 바라며 결정을 연기한다.
- 이미 충분한 선택 사항을 갖고 있음에도 더 많은 선택 사항을 모색한다.
- 이미 수집한 동일한 정보를 지속적으로 검토한다.
- 잘못된 결정을 내릴 것을 우려한다.
- 결정의 순간을 너무 오래 기다려서 기회를 놓친다.
- 결정을 내린 후 재평가한다.

# 우리가 계속 고민만 하는 이유

분석 마비는 모든 사람에게 영향을 미치지는 않는다. 우리 중 일부는 이 특정한 함정에 좀 더 쉽게 휘말리는 경향이 있다. 때로는 완벽주의처럼 별로 도움이 되지 않는 성향이 분석 마비로 우리를 끌어들이기도 한다. 그런가 하면 지능과 호기심 같은 최고의 자질이 곤경에 빠지는 우리에게 덫을 놓기도 한다.

결정을 앞두고 있을 때 우리는 다양한 이유로 인해 분석 마비에 갇힌다. 예를 들어, 선택 사항을 탐구하는 것을 즐기거나 무엇을 해야 할지 불확실하다고 느낄 수도 있고, 올바른 답을 기다리며 완벽주의적인 믿음에 이끌릴 수도 있다.

## 지적 호기심

어떤 결정을 앞두었을 때 지적 호기심이 많은 사람들은 당면한 문제에 대해 더 많은 정보를 얻으려고 한다. 이런 사람들은 더 많은 것을 배우고 싶어 하고 새로운 지식 추구를 흥미로워한다. 그래서 해결책을 모색할 때 다른 사람들이 보지 못하는 전체 풍경을 볼 수 있고, 그 결과 간단한 결정을 복잡하게 만든다.

이런 특성들은 의도하지 않은 결과를 낳는다. 필요하든 필요하지 않든 추가 옵션을 찾도록 우리를 자극하기 때문에 분석 마비를 일으키기 쉽다. 이런 추가적인 선택은 더 나은 결정으로 이어지지 않는다. 그저 우리를 압도할 뿐이다. 이렇게 압도당하면 우리는 아무것도 결정할 수 없다.

다행히 지적 호기심이 필연적으로 분석 마비를 일으키지는 않는다. 하지만 그 연관성을 알지 못하면 이런 특성은 우리를 잘못된 길로 이끌 가능성이 크다.

## 정보의 홍수

무언가 결정을 내릴 때 많은 정보가 도움이 될 수도 있다. 수집한 정보를 잘 활용할 경우다. 데이터를 수집하고 옵션을 살피는 것은 유익하다. 하지만 특정 시점에서 정보를 찾는 것은 그리 큰 도움이 되지 않는다(정보는 해로울 때까지는 유익한데 이는 지나친 고민의 교활한 습성이다). 새로운 자료를 찾거나 필요한 자원을 파악하거나 문제에 관해 조금 더 열심히 생각할 수 있다면 머지않아 해답이 분명해지리라 믿고는 생각에 갇혀 버린다는 뜻이다.

그러나 그렇게 얻은 추가 정보는 우리를 더 압박할 뿐이다. 더 많은 자료를 고집하다 보면 현명하게 행동할 수 없다. 되레 스스로를 파괴할 뿐이다. 해결책을 향해 나아가는 것이 아니라 적극적으로 상황을 악화시킬 뿐이다.

일단 분석 마비가 확립되면 그 순환 고리를 끊기가 어렵다. 우리는 궁극적으로 어떤 결정을 내리면 그 결과에 대해 이전보다 덜 확신하게 된다. 불쌍한 어린 시절의 윌이 엄마를 따라 쇼핑을 갈지 말지 고민하는 모습을 상상해 보라. 상황을 너무 많이 상상한 까닭에 무엇을 선택하든 그는 행복하지 않을 것이다. 우리도 마찬가지다. 지나친 분석 때문에 객관적으로 더 나은 결과에 도달하더라도 그것에 대한 만족도가 떨어진다.

분석 마비가 문제의 원인이라는 사실을 모르면 악순환은 계속된다. 우리의 불만은 다음번에 결정을 내릴 때 더욱 분석하도록 자극하고, 이는 더 큰 마비를 초래한다.


**완벽주의**


몇 년 전, 화장실 타일을 새로 바꾸어야 할 상황이었다.

적당한 가격으로 작업해 줄 인테리어 업체를 찾을 수 없어서 남편과 나는 셀프 인테리어를 결심했다.

공사하는 동안 재료를 구하러 건축 자재 및 인테리어 디자인 도구 판매 업체인 홈 디포에 몇 번이나 달려가야 했다. 타일 코너에 들어설 때마다 '제대로 해 보세요, 아니라면 다시 도전해 보세요'라는 광고 슬로건을 목격했다. 그 광고를 볼 때마다 생각했다.

'그래, 바로 이거야! 우리는 제대로 하고 있어. 이 짓을 두 번은 하고 싶지 않으니까.'

그 당시 나는 '제대로'가 완벽함을 의미한다고 가정하는 중대한 실수를 저질렀다. 높은 수준과 완벽함에는 차이가 있다. 홈 디포에서 그 바보 같은 슬로건을 지금쯤은 떼어 냈길 바란다. 몇 년간 그 광고 문구가 나를 괴롭혔기 때문이다. 완벽주의에 관해 생각할 때면 언제나 그 광고가 으르렁 소리를 내며 떠올랐다.

많은 사람처럼 나도 완벽주의에 정통하다. 하지만 어렸을 때는 완벽주의가 내 사고에 침투하는 것을 인지하지 못했다. 우유부단, 짜증, 분석 마비 등 그 파급 효과도 알지 못했다. 완벽주의에 사로잡혀 있다는 사실을 깨닫지 못하면 완벽주의는 우리 행동을 통제하게 된다.

완벽주의는 다음 중 하나로 나타날 수 있다.

- 지속적인 지연
- 앞으로 나아가기 전에 '정답'을 찾으려 집착
- 완전하지 않으면 아무것도 아니라는 생각
- 언제나 더 많은 작업을 수행할 수 있기 때문에 프로젝트 완료에 어려움을 겪게 됨
- 결함에 집착하는 비판적인 마음
- 대화를 마친 후 마음속으로 말하고 싶던 내용을 계속 되새김
- 자주 과거의 결정을 재고

많은 사람이 완벽주의와 지나친 생각이 서로 연관되어 있다는 사실을 깨닫고 충격을 받는다. 완벽주의는 우리가 예상하지 못한 상황에서 악당 역할을 한다. 그러나 일단 우리가 그 관계를 이해하게 되면 완벽주의 성향이 어떻게 지나친 생각을 부추기는지 알 수 있다. 우리가 어떤 결정에 직면했을 때 완벽주의의 요구를 따르는 것은 불가능하다. 너무 높은 수준을 요구하기 때문이다. 임박한 결정을 앞둔 상황이든 선택한 것을 후회하며 과거에 갇혀 있든 우리는 항상 올바른 결정을 원한다.

하지만 올바름과 완벽함을 동일시하다 보면 치명적인 결과를 초래하게 된다. 완벽함을 목표로 하다 보면 사고가 마비되기 때문이다. 완벽주의가 사고를 지배해서 우리가 주어진 상황에서 절대적이고 의심의 여지 없는 최선의 선택이 무엇인지 알 수 없다면, 우리는 그것에 대해 초조해하는 것 외에는 할 수 있는 일이 없다. 결국 분석 마비를 불러오는 것이다.

결정을 내리기 전 지나치게 생각하는 것의 위험성은 명백하다. 쇼핑을 따라갈 수도, 그렇다고 집에 남을 수도 없는 일곱 살짜리 윌의 결말을 맞이하게 되는 것이다. 그러나 지나친 생각이 반드시 우리의 결정 이전에 일어나는 것은 아니다. 완벽주의에 따른 과대한 고민은 우리를 종종 어떤 일이 일어날지, 또 무엇을 의심하며 재고해야 하는지에 머무르게 한다. 이미 결정했더라도 그것을 분석하면서 여전히 결정에 집착할 수도 있다.

수많은 사람이 그 순간에 자신이 말하거나 행하고 싶은 것에 대한 환상으로 스스로를 고문한다. 상황을 잘 처리했더라도 자신이 다르게 했더라면 좋았을 한 가지에 초점을 맞추기도 한다. 결정을 내린 후에도 그 당시 택하지 않은 다른 선택을 떨칠 수 없는 것이다. 선택 사항을 저울질해서 결정을 내린 후 앞으로 나아가는 대신 올바른 선택을 했는지, 또 다른 선택을 하기에는 너무 늦었는지 계속 고민하면서 의사 결정 과정의 처음으로 돌아간다.

이 모든 의심은 엄청난 시간과 에너지를 소모하게 하고, 스트레스를 증가시키며, 현명한 결정을 내릴 우리의 능력을 제한한다.

## 분석 마비에 대한 해독제

지나친 생각을 멈추는 일이 쉽다면 우리 모두 이미 오래전에 그렇게 했을 것이다. 따라서 분석 마비를 극복할 수 있는 전략이 필요하다.

### 완벽한 해결책은 없다

우리는 자신의 질문에 대한 이상적인 답이 어딘가에 있으리라 생각한다. 그리고 마침내 답을 찾으면 그것이 명백한 정답이라고 믿어 버린다. 그러나 정답이 저 너머 어딘가에 있는 경우는 드물다. 그래서 우리는 명백한 답을 찾지 못한 채 끊임없이 걱정하고 의심한다.

완벽한 해결책은 존재하지 않는다. 그렇기 때문에 완벽한 해결책은 찾을 수 없다. 정답을 찾는 과정이 흥미로울 수는 있으나 정답은 거의 없다. 실제로 정답보다는 좋은 답이 더 많다.

## 행동하라

분석 마비에서 벗어나기 위해서는 더 이상 정보가 필요하지 않다. 행동해야 한다.

행동이 반드시 크고 대담할 필요는 없다. 때로는 추진력이 요구되기도 한다. 작은 한 걸음으로도 추진력을 변화시킬 수 있다. 물론 그 반대로 추진력을 오히려 혼란에 빠뜨릴 수도 있다. 당신의 선택 사항은 너무나 많다. 단지 이 책에서는 둘 중 더 빈번한 것을 다룰 뿐이다. 작은 걸음 내딛기, 마감일 정하기, 목록 만들기, 또는 친구와 상의하기(타인의 객관성은 고민에서 벗어나는 데 도움이 된다) 등등. 어쩌면 아무 선택 사항이든 빨리 고르거나 나를 위해 대신 선택해 줄 사람을 찾는 것이 필요할지도 모른다.

어쩌면 '맞는 말이긴 한데, 내가 마비 상태인데 어떻게 행동할 수 있지?'라고 생각할 수도 있다. 아주 좋은 질문이다. 이럴 경우 생각의 틀 자체를 바꿔야 할 필요도 있다.

## 완벽주의에서 벗어나라

남편과 내가 거실 벽을 새롭게 페인트칠하던 시기, 나의 아버지는 우리가 일을 제대로 하도록 격려하는 대신 완벽주의가 우리를 불행하게 만든다는 사실을 깨닫게 해 주셨다. 그뿐 아니라 우리가 눈앞에 있는 좋은 것들에 감사하는 마음을 방해받는 게 무엇인지도 깨달을 수 있도록 도와주셨다.

나는 벽이 하얀 천장과 맞닿은 바로 그 자리에, 면도날처럼 곧은 녹색 선을 그리려고 노력하는 중이었다. 선이 조금 흔들리면서 페인트 작업이 내 기대만큼 되지 않는다고 불평을 했더니, 아버지는 웃으면서 그것이 자기 집을 스스로 칠하는 것의 문제점이라고 말씀하셨다. 그림을 그리는 사람이 아니라면 결과는 만족스럽지 않을 것이었다. 아버지는 이렇게 말씀하셨다.

"만약 다른 사람이 이렇게 힘든 일을 했다고 생각하면 멋진 결과물이라고 생각했을걸. 하지만 화가라면 딱 여기서 망쳐 버렸다고 예리하게 파악했겠지. 마무리를 잘해도 여전히 망친 것 같은 기분이 들 거다."

아버지가 옳았다. 내 페인트칠은 괜찮았다. 그러나 작업 결과물을 머릿속의 이상적인 결과와 자꾸 비교하다 보니 비참해질 뿐이었다. 완벽주의는 우리를 비판적으로 만들고, 긴장시키며, 일상적인 것들을 재미없게 느끼게 한다. 게다가 우리는 기분이 나쁠 때 더 많은 생각을 하게 된다. 완벽해야만 옳은 결과를 얻을 수 있는 것은 아니다. 따라서 자신에게 엄할 필요는 없다.

## 실패를 허락하라

완벽주의의 긴장감에서 벗어나고 싶을 때는 어떻게 해야 할까? 치료법은 실패를 허락하는 것이다. 실패란 '절대적인 완벽'에 못 미치는 것을 의미한다. 그러므로 실패했더라도 괜찮다.

좋든 싫든 실패는 믿을 수 없을 정도로 교훈적일 수 있다. 아이러니하게도 우리는 실수했을 때 더 좋은 결과를 얻기도 한다. 만약 실수하지 않는다면 가장 빠르고 효과적인 학습 방법 하나를 놓치는 셈이다. 하지만 실패는 특히 나 같은 완벽주의자들이 회복하는 데 걸림돌이 될 수도 있다.

실패로부터 무언가를 배우려면 우선 실패에 익숙해져야 한다. 이때 용어를 바꾸면 도움이 된다. 나는 "실험해 보자"라고 말하는 법을 배웠다. 이렇게 말하면 실패라는 단어가 내 마음을 꽉 옥죄지는 않기 때문이다. 실험은 중립적이고 냉철하다. 제대로 해내야 한다는 압박감이 필요 없다. 실험의 목표는 승리를 거두는 것이 아니라 결과를 얻는 데 있기 때문이다.

## 일단 해 보고 지켜보라

유약한 사람들에게는 실패를 감수하는 것이 그저 기분 좋은 기술로 느껴질 수도 있다. 그들이 그렇게 받아들이지 않도록 '일단 한번 해 보고 결과를 지켜보자'라는 접근법을 채택해야 한다. 이렇게 행동한다고 해서 절대 약하거나 게으른 것은 아니다. 다만 요령이 생기는 것뿐이다.

남편이 한때 소프트웨어 개발 분야에서 일한 적이 있다. 이 분야에서 '최소 실행 가능 제품'은 업계 사람들이 자주 던지는 문구다. 소프트웨어 개발자들은 제품 개발에 반복적인 접근 방식을 취한다. 그들은 결코 첫 시도에 완벽한 제품을 제공하려 하지 않는다. 대신 불완전한 제품을 빨리 개발하고 싶어 한다. 어떤 프로그램에서 효과가 있는 것은 무엇인지, 없는 것은 무엇인지를 빠르게 캐치하고, 사용자에게 실험 테스트를 제공해서 핵심 문제에 대한 해결책을 확인하는 것이다. 추상적인 아이디어가 아닌 실제적인 방식으로 말이다. 불완전한 제품을 만드는 것은 개발자들이 완벽한 버전을 만드는 일이 가치 있는 것인지를 판단하는 데 도움을 준다. 모든 게 완벽해야만 가치 있는 것은 아니라는 뜻이다.

실험에서는 '해 보고 아니면 다시 해 보자'라는 말은 존재하지 않는다. '일단 해 보고 어떻게 되는지 지켜보자'라는 말만 존재한다. 이런 접근법은 우리로 하여금 항상 올바르게 행동해야만 한다는 생각에서 벗어나게 해 준다. 행동을 취하기 전 확신하기를 기다리는 대신 무언가를 시도하고 그담에 무슨 일이 일어날지 지켜보는 것으로 좋은 정보를 빠르게 얻을 수 있다. 올바른 결정에 대한 고민이 없고, 후회도 거의 없다. 필요한 것은 승리가 아니라 해답이기 때문이다.

나는 이 책의 전략을 실험해 볼 수 있도록 여러분을 이끌고 싶다. 어떤 것이 당신에게 가장 유망해 보이는지 파악하고, 그것을 한번 시도해 보고, 그 뒤에 무슨 일이 일어나는지 지켜보자.

## 분석 마비 극복 사례

분석 마비를 인지하고 극복하는 평범하고 일상적인 사례를 통해 이 과정이 실제 삶에서 어떻게 이루어지는지 살펴보도록 하자. 이 글을 쓰면서 나는 하찮은 결정에 엄청난 에너지를 쏟는 듯한 기분이 든다. 하지만 이 과정은 사고 과정을 가로채는 지나친 고민이 일어날 때 발생하는 상황이므로 사례를 제시해 보고자 한다.

10여 년 동안 우리 가족은 해마다 여름에 걸프 해변에서 일주일씩 휴가를 보내곤 했다. 해변에서 보내는 휴가를 좋아하지만 그렇다고 우리 가족이 그곳으로 가는 여정을 좋아한 것은 결코 아니었다. 자동차로 약 11시간이나 걸리기 때문이었다. 우리는 언제나 하루 만에 걸프 해변에 도착하곤 했다. 차라리 한 번에 끝내 버리는 게 최선이라고 생각했기 때문이다.

그러다 월과 나는 언제부터인가 걸프 해변까지 가는 여정을 1박2일로 나누면 좀 나아질까 궁리하기 시작했다. 아이들은 호텔에 딸린 수영장과 호텔에서 제공하는 아침 식사를 매우 좋아했다. 그래서 차를 몰고 가다가 호텔에서 하룻밤을 보내고 다음 날 여행을 계속하면 어떨까 싶었다.

이와 관련해서 우리는 6~7년 동안 토론을 이어 나갔다. 매년 여름 출발일이 다가오면 우리는 같은 질문을 하고 또 했고, 모든 선택 사항을 고려하다가 결정을 내리지 못하고 기회를 잃곤 했다. 새로운 방법을 시도하는 것이 옳은지를 좀처럼 확신할 수 없기 때문이었다.

그러다 몇 해 전, 나는 반복적 접근의 힘을 발견하고 내 실험적인 사고방식을 연구하기 시작했다. 그해 여름 다시 결정의 시간이 다가왔을 때 우리는 더는 토론하지 않았다. 이미 그 문제에 관해 충분히 생각해 왔기 때문이다. 장점과 단점을 늘어놓은 목록도 만들지 않았다. 나는 내가 깨닫지도 못한 사이 몇 년 동안이나 이 문제를 생각해 온 것이다. 그리고 이번에는 지나친 고민이었음을 바로 알아차렸다. 이제 무엇을 해야 하는지도 정확히 깨달았다.

우선 현실성을 체크해 보았다. 여행길에 대한 딜레마에 완벽한 해답은 없었다. 어느 쪽이든 결국은 해변에 다다를 것이었다. 그래서 일단 움직였다. 오랜 여정을 언제나 쪼개서 움직이는 친구에게 질문을 해 보고, 우리가 필요한 날짜에 호텔을 예약했다. 그다음, 스스로에게 실패를 허락했다. 우리 가족이 새로운 여행 방식을 좋아하지 않을까 봐 걱정했지만 이런 이유로 해결을 미루고 싶지는 않았다.

틀릴까 봐 걱정이 앞설 때는 행동하기가 어렵다. 그러나 괜한 두려움이 자신을 압박하고 있음을 인식하면 조금은 자유로운 마음으로 앞으로 나아갈 수 있다.

우리 가족은 아주 오랫동안 고민했으니 일단 시도해 보고 무슨 일이 생기는지 보기로 했다. 일종의 실험이었다. 만약 새로운 방식을 더 선호한다면 좋은 일이다. 하지만 시도해 보고 마음에 들지 않으면 적어도 다른 방법이 더 나을지도 모른다는 고민은 그만둘 수 있다. 이 작은 실험을 성공으로 받아들이고자 새로운 방법을 억지로 좋아할 필요도 없다.

결론적으로 우리 가족은 호텔에서 하루를 묵고 다시 해변으로 떠나는 여정을 더 좋아했다. 물론 이 여정이 제대로 진행되지 않아 두 번 다시 경험하고 싶지 않다고 생각했다 하더라도 실수는 아니었다. 왜냐하면 이 실험의 목적은 최상의 경험이 아니라 결과를 얻는 것이었기 때문이다. 그리고 앞으로도 몇 년간, 우리 가족은 휴갓길에 대한 결정을 재고할 필요가 없게 되었다.

# 변화의 시작

우리가 지나치게 고민하고 있다는 사실을 인식하지 못하면 이를 극복하는 것은 불가능하다. 그리고 지나친 고민을 부추기는 의사 결정 방식에 의존하는 한 우리는 과대 사고에 많은 시간을 할애할 것이다. 하지만 실제로 무슨 일이 일어나고 있는지 알게 되면 변화가 시작된다. 당연히 처음에는 전투처럼 느껴질 것이다. 특히 평생에 걸쳐 무언가를 분석하느라 온 에너지를 써 왔다면 말이다. 하지만 시간이 흐르면서 점차 습관처럼 느껴질 것이다.

• 당신은 지금 어떤 점에서 분석 마비를 겪고 있는가?

• 당신은 완벽주의를 어디서 경험하고 있는가?

• 어떤 요인들이 당신을 꼼짝 못 하게 하는가?

・ 앞으로 나아가기 위해 당신은 어떤 종류의 작은 실험을 실천

할 수 있는가?

"여기서 어디로 가야 하는지 좀 알려 줄래요?"

"그건 네가 어디로 가고 싶은지에 달렸지."

— 루이스 캐럴

제3장

# 무엇이 중요한지를 결정하라

　나는 비행을 싫어한다. 비행기를 타야 하는 크고 작은 여행 기회가 주어질 때마다 나는 여행을 갈지 말지를 고민하며 스스로를 고문한다. 그 여행을 꼭 가고 싶다는 마음이 들더라도 단 한 번도 가야겠다고 단박에 결정한 적이 없다.

　그래서 나는 친구 앨리의 여행 이야기를 듣고 깜짝 놀랐다. 그녀는 태국의 짧은 여행에서 막 돌아와 잔인한 시차 적응에 시달리고 있었다. 앨리는 말 그대로 지구 반 바퀴를 돌아 여행하며 겨우 나흘만 지상에서 보냈다. 나는 무엇이 사람들로 하여금 그 13시간 비행을 하게 하는지 항상 궁금했다. 나는 그런 경험을 할 수 없을 것 같지만, 지구 반대편에서 펼쳐지는 여행은 정말 가치가 있는 듯싶었다.

당시 윌과 나는 우리만의 긴 여행을 두고 이야기하는 중이었다. 12월에 스코틀랜드로 여행을 갈까 고려하고 있었다. 비록 최장 비행시간이 9시간 정도밖에 되지 않지만, 내 기준으로 볼 때는 너무 장시간이었다. 앨리와 비교해 보면 우리는 그야말로 갈팡질팡하고 있었다. 나는 여행은 가고 싶지만 비행기는 타고 싶지 않아서 주저했다. 문제 해결에 힘쓰는 대신 비행의 불쾌함과 불편함에 집착하느라 쓸데 없이 긴 고민에 빠져 있다는 걸 알고는 있었다. 비행기를 탄다는 사실만으로 내가 여행을 단번에 포기하는 것은 아니었지만, 나에게는 최소한 비행기를 타야 하는 설득력 있는 이유가 필요했다. 결정하기가 좀처럼 쉽지 않았다. 이 여행이 가치 있는 여행인지 내가 어떻게 알 수 있겠는가.

앨리는 일 때문에 규칙적으로 여행을 다녔지만, 꼭 필요한 게 아니라면 집을 떠나고 싶어 하지 않았다. 그런데도 그녀는 지구 반 바퀴를 도는 힘든 여행을 다녀왔다. 왜 그랬을까?

여행 여부 결정을 목전에 두고 나는 앨리에게 내가 비행기 타는 것을 얼마나 싫어하는지 말했다. 또 그녀가 여행을 다녀오며 감수한 모든 것에 감명을 받았다고 털어놓았다.

"결정하기 힘들었지?"

나는 그녀가 분명 그렇다고 대답하리라 짐작하며 물었다. 그런데 그녀의 대답은 전혀 뜻밖이었다.

"아니. 여행 기회가 생긴 걸 알자마자 바로 결정했어. 생각할 필요도 없었지. 자세한 이야기는 궁금하지도 않았어. 그냥 '좋아, 가자!' 했는걸."

어떻게 이런 일이 가능할까? 믿을 수 없었다. 앨리는 천성적으로 충동적인 사람이 아니었다. 그래서 그런 결정을 가볍게 내리지는 않았을 것이다. 나는 그녀의 결단력에 충격을 받을 수밖에 없었다. 그녀의 여행과 내가 고민하는 여행이 크게 다른 것은 아니었다. 그런데 앨리는 도대체 어떻게 그리 쉽게 결정을 내렸을까?

## 가치관이 의사 결정을 이끈다

앨리는 깊이 생각할 필요가 없었기 때문에 선택이 쉬웠다고 말했다. 그녀는 오래전 앞으로 생길 크고 작은 결정에 영향을 미칠 하나의 커다란 결정을 이미 내린 적이 있다고 했다. 태국 여행 역시 그 결정의 범주에 들어갔다.

앨리는 태국 여행에 대한 결정이 자신의 핵심 가치에서

자연스럽게 흘러나온 것이라고 설명했다. 그녀는 몇 년 동안 폭력적인 결혼 생활을 해 왔다. 다행히 친구들의 우정과 지원 단체의 도움으로 불행한 결혼 생활에서 빠져나올 수 있었다. 그 후 앨리는 자신이 받은 도움을 갚고자 학대받는 여성들을 위해 행동하고 있다. 착취당하거나 방치되거나 학대당하는 여성들을 도와주는 일에는 언제든 발 벗고 나선다. 수표책을 펼치기도 하고, 모금 행사에 참여하기도 하며, 낯선 사람과 수다를 떨며 지구 반 바퀴를 도는 여행을 하기도 한다. 착취당하고 학대받는 여성들, 폭력에 시달리는 여성들을 지원하기 위한 자리라면 그곳이 어디든 언제든 달려간다. 일정을 재조정하거나 비용이 만만치 않더라도 개의치 않는다.

이렇듯 앨리는 자신만의 핵심 가치를 확고히 갖추어 두고 어떤 결정을 내려야 할 때 의식적으로 그것에 의존하기 때문에 시간과 돈, 에너지를 어떻게 써야 할지 고민하지 않는다. 착취, 방치, 학대를 당하는 여성들과 관련된 선택을 해야 할 때는 무엇을 해야 하는지 고민하지 않아도 된다.

우리 역시 삶에 대한 더 넓은 비전을 갖게 되면 직면하는 많은 결정이 단순해진다. 결정을 내릴 믿을 만한 틀을 갖게 되기 때문이다. 하나의 결정, 즉 큰 그림의 가치를 이미 결정했기 때문에 다른 모든 결정을 고립된 결정의 연속이 아닌 전체로 볼 수 있다. 어떤 결정을 내려야 할 때 그것을 자신의 가치관에 비추어 보면 더 이상 고민할 필요가 없다. 내부의 세계를 정리하면 올바른 방향으로 나아갈 수 있다. 이런 가치관은 우리가 살면서 겪는 여러 가지 일을 중요한 것과 일상적인 것으로 쉽게 나눌 수 있게 해 준다. 그래서 우리는 태국을 가든 식료품점을 가든 그 결정을 자연스럽게 할 수 있다.

## 가치관이 의사 결정에 미치는 영향

우리는 모두 매일 수많은 결정에 직면한다. 어떤 것들은 바다를 가로질러 날아가는 일처럼 중요하고, 어떤 것들은 저녁으로 무엇을 먹을지 고르는 일처럼 평범하다. 어떤 것들은 피할 수 없고, 어떤 것들은 우리의 삶에 스며든다. 하지만 이 모든 결정은 우리의 관심을 요구한다. 우리는 자신에게 무엇이 중요한지를 파악하고 의사 결정에 대한 가치 중심 접근법을 활용해 그것들을 간소화할 수 있다. 우리의 가치관은 크고 작은 결정, 단기적이고 장기적인 결정을 이끌어 낼 수 있다.

## 목표가 명확해진다

의사 결정을 할 때 깊이 고민하지 않는 주변 사람들에게 물어본 적이 있다. 그들은 모두 '가치관'이나 '가치관 중심'이라는 단어를 굉장히 자주 사용했다. 자신이 누구이고 무엇을 생각하는지에 따라 결정을 내리려고 노력한다며 앨리와 같은 말을 했다. 이처럼 자신의 가치관을 정립해 두고 목표를 명확히 하면 일상적으로 반복되는 결정의 고민에서 벗어날 수 있다.

결정의 고민에서 벗어나는 것이 어떤 모습인지 예를 들어 보자. 올해 초, 월과 나는 우리 아이의 학교를 선택할 수 있는 행운을 거머쥐고 어려움에 빠졌다. 어떤 학교가 아이에게 가장 알맞을지 어떻게 알 수 있을까? 교사로 일하다 은퇴한 친구에게 의견을 물어보았다.

"어떤 결정이 옳다고는 말할 수 없지만, 내가 어떤 선택을 할지는 말할 수 있어."

그녀는 집에서 가까운 곳을 우선적으로 선택한다고 말했다. 이웃과 친하게 지내고 싶고 차를 타고 다니며 시간을 낭비하고 싶지 않아서라고 했다. 그녀는 어떤 선택을 앞두었을 때 타당한 이유가 없는 한 집에서 가장 가까운 옵션을

택한다고 했다. 이는 아이의 학교를 선택하는 것과 같은 큰 결정에서든 식료품을 사거나 머리를 자르거나 독서 클럽을 찾는 등의 작은 결정에서든 마찬가지였다. 그녀는 실제로 공동체적인 삶을 살고 싶어 하며, 이웃과 우연히 카풀을 하거나 식료품점에서 독서 클럽 회원들과 마주치는 것을 환영했다.

공동체의 가치를 중요시한다는 친구 이야기를 들으며 나는 월과 나 역시 그녀와 같은 생각임을 깨달았다. 우리는 몇 년 전 지금의 집으로 이사했다. 좀 더 걷기 쉽고, 우리가 시간을 보낸 장소들과 더 가깝고, 인종적으로나 사회적으로 혹은 경제적으로 좀 더 다양한 이웃을 찾고 있었는데, 지금의 집이 그런 조건을 모두 만족시켰다.

공동체가 우리 가족의 교육을 결정하는 데 도움을 줄 수 있다는 사실을 깨닫자 힘겹게 느껴지던 선택이 갑자기 쉬워졌다. 곧 아들은 집에서 몇 블록 떨어진 새 학교로 전학을 했다. 덕분에 아들은 걸어서 학교에 다니고, 남편과 나는 아이 학교 교직원들을 이웃으로 두고 가끔 도서관에서 그들과 마주치기도 한다. 이 선택을 통해 나는 우리 가족이 어떤 사람들인지를 새롭게 깨닫게 되었다. 우리가 무엇을 가치 있게 여기는지를 반영한 선택이었기 때문이다.

## 가장 중요한 것에 자원을 집중할 수 있다

　가치 중심의 의사 결정 과정을 이용하면 자신에게 가장 중요한 것에 자원을 집중할 수 있다. 나와 윌은 참석하는 것을 중요시한다. 물론 항상 그런 것은 아니었다. 다만 우리가 무언가 결정을 내릴 때 의식적으로 이 점에 깊이 영향받는다는 사실을 깨달았다.

　몇 년 전, 한동안 보지 못한 대학 친구들이 우리를 초대한 적이 있다. 이때만 해도 약간 주저하며 이 가치관을 실천했다. 우리는 사람들을 위해 시간, 돈, 에너지를 쓰는 것을 좋다고 여겼고, 그러기 위해서는 직접 참여하는 것이 가장 좋은 방법이라고 생각했다. 우리의 가치관을 충족시키기 위해서는 친구들 초대에 응해 여행을 떠나야만 했다. 비록 여행의 타이밍이 좋지 않았고, 아이들이 아직 어려 기저귀 등 챙길 짐이 많았으며, 아이들을 일찍 재워야 하는 등 어려움이 많았지만 말이다. 한 친구가 이렇게 말한 적이 있다.

　"네가 누군가를 소중히 생각한다면 항상 그들에게 딜려갈 거야. 만약 아니라면 안 가겠지."

　이 사소한 말은 경험에 기반을 둔 법칙이다. 나는 그 후 무언가 선택해야 할 때마다 이 말을 떠올렸다.

우리의 주요 가치를 '참석'이라고 정하자 선택을 앞두었을 때 결정하기가 훨씬 쉬워졌다. 그러면서 결정을 내리는 데 점점 익숙해졌다. 예컨대 어떤 모임이 '가치 있는' 것인지 아닌지 수고로운 논쟁을 생략하고 참석하기 위해 곧바로 여행을 결정한다. 최근 멀리서 가족 모임이 있었는데 값비싼 비행기 표를 예매했다. 직접 참석하는 것만큼 좋은 것이 없었기 때문이다. 친구들이 수백 킬로미터 떨어진 곳에서 기념일을 축하하기 위해 우리를 초대했을 때도 여행을 결정하는 데 단 몇 분밖에 걸리지 않았다. 여행을 갈 수 있어서 떠났을 뿐이다. 가끔은 집에서 멀리 떨어진 곳으로 가서 옛 친구들을 만나기도 한다. 결혼식이나 졸업식이 아니더라도 그저 모두 모이기 때문이다. 이 가치관은 내 작품에도 적용된다. 나는 사람들을 직접 보기 위해 노력한 것을 후회해 본 적이 없다. 같은 동네에서건 멀리 떨어진 곳에서건 작가 동료들을 만나는 일을 늘 우선시한다.

우리는 인생의 크고 중요한 순간만을 위해 어딘가에 참석하는 것이 아니라 참석하는 것 자체에 의미를 두면서 사소하고 작은 순간들도 함께하려고 노력한다. 사랑하는 사람들을 축하해 줄 일이 있을 때는 가능한 한 직접 참석하려고 한다. 사랑하는 사람들이 상처를 입었을 때도 가급적 위로를 위해 함께하려고 노력한다. 상처받는 상황을 변화시킬 수는 없다 할지라도 말이다. 결국 누군가를 소중히 생각한다면 항상 그들에게 달려가게 된다.

물론 아무리 누군가를 소중히 여겨도 항상 그 곁에 있을 수는 없으므로 우리는 이 가치관을 완벽하게 실현하지는 못한다. 때때로 엄청난 비용이 들거나 논리적으로 불가능할 때도 있기 때문이다. 같은 주말에 다른 도시에서 두 친구가 결혼을 하는 경우처럼 말이다. 그러나 우리는 할 수 있는 한 최선을 다한다. 그리고 되도록 중요한 사람들을 볼 수 있도록 일정을 조정한다. 어딘가에 참석하는 일에서만큼은 우리는 늘 참석하는 쪽으로 지나치게 치우치는 편이다.

## 가치관은 관심과 에너지를 쏟아붓는 곳에서 형성된다

우리의 가치관은 또한 우리가 마음속에 간직하기 위해 선택하는 것, 즉 무엇을 생각할지, 어떤 책을 읽을지, 어떤 종류의 뉴스에 관심을 기울일지, 어떤 이슈에 관심을 쏟을지 등에 영향을 줄 수 있다. 예를 들어, 만약 국가와 지역

차원의 정보에 밝은 시민이 되는 것을 가치 있게 여긴다면, 당신은 지역 내 최신 현안을 모두 알기 위해 지역 신문을 읽거나, 지역 내 사건에 관해 이웃과 이야기를 나누거나, 신뢰할 만한 신문을 정기적으로 구독할 수도 있다. 이 모든 것이 그 가치관을 실현하는 방법이다.

나는 내 가치관을 가장 우선시할 때 그것을 실천하기가 더 쉽다는 사실을 깨닫게 되었다. 나는 비문학을 즐겨 읽는데, 원하는 것에 집중하기 위해 내게 중요한 것들을 읽는 것이다. 가치관이 분명하면 하는 일에도 자연스럽게 가치관의 영향을 더 많이 받게 된다. 나는 온정적인 부모가 되려고 노력하면서 브레네 브라운의《마음가면》처럼 관계에 대한 좋은 책을 읽거나 나 자신의 역학 관계에 익숙해지려고 한다. 또 공예를 열심히 하고, 존 맥피의《네 번째 원고》와 같은 좋은 글쓰기 책을 읽으며, 기분이 좋지 않을 때도 의자에 엉덩이를 밀어 넣고 글을 쓰기 위한 영감을 얻기 위해 노력한다. 몸을 잘 돌보는 것도 중요시하는데, 영양과 운동에 관한 글을 읽으며 여러 가지 도움을 받는다.

# 삶을 팩트 체크 하라

우리의 삶은 우리가 누구인지, 무엇을 아끼는지가 반영돼야 한다. 우리는 자신이 무엇을 가치 있게 여기는지 잘 안다고 생각하지만, 이런 가치관이 결정하는 데 실제로 영향을 미치지 않을 때가 많다. 이런 모순은 우리의 결정이 자연스럽게 이뤄지는 것을 불가능하게 만든다. 가족을 소중히 여긴다고 하면서 집에서 가족과 함께 저녁을 먹은 지가 언제인지 모르는 사람도 많다. 자선 활동에 관심이 많다고 하면서 그것에 시간, 돈, 에너지를 전혀 쓰지 않는 사람들도 있다. 나는 독서가 중요하다고 믿고 실제로도 열심히 실천한다고 말하는 많은 이와 대화를 나누지만, 실제로는 독서를 하지 않는 사람도 종종 본다. 어떤 것을 소중히 한다고 말을 하면서도 행동은 그렇지 않다면 실은 그것에 전혀 가치를 두고 있지 않은 셈이다.

자신의 가치관이 삶과 일치하도록 하기 위해서는 스스로 질문을 통해 '팩트 체크'를 할 필요가 있다. '나의 행동이 내가 소중히 여기는 것을 드러내는가?'라고 말이다. 만약 확실하지 않다면 보다 객관적인 시선으로 당신의 행동을 관찰해 줄 친구에게 부탁해 보자. 눈에 보이는 것이 마음에 들지 않는다면 행동을 수정해야 한다.

한 가지 사례를 들어 보자. 우리 삼촌은 담배를 규칙적으로 피우곤 했다. 담배를 피우는 습관만 제외하면 그는 스스로 건강관리를 매우 잘하고 있고, 그래서 자신을 건강한 사람이라고 여겼다. 몇 년 동안이나 금연을 결심했으나 실천은 하지 못했다. 삼촌은 의사였는데, 환자들은 흡연자라는 이유로 그를 끊임없이 힘들게 했다. 삼촌은 당연히 금연해야 한다는 걸 알았지만, 결코 행동에 나서지 않았다. '언젠가'라고 막연히 다짐만 했다.

그러나 그 '언젠가'는 굉장히 평범하게 다가왔다. 어느 날, 출근 시간에 늦은 삼촌은 엘리베이터에서 내리자마자 복도를 달려 진료실로 들어가 간호사에게 인사를 했다.

"좋은 아침입니다."

간호사가 말했다.

"들어오시는 소리 듣고 안심했어요."

삼촌은 어안이 벙벙해서 물었다.

"내가 오는 줄 어떻게 알았습니까?"

"선생님께서 엘리베이터에서 내릴 때면 저희는 알고 있죠. 복도 저 끝에서부터 선생님 기침 소리가 들리니까요."

삼촌은 직원들이 자신을 건강하지 못한 사람으로 인식하

고 있다는 사실을 깨닫고 아연실색했다. 이 깨달음은 즉각적이고 명확한 해답을 가져왔다. 삼촌은 이제 그만 자신의 모습 중 하나를 바꾸어야 한다는 사실을 깨우쳤다. 몇 년간의 고민 끝에 말이다. 삼촌은 금연에 성공했다. 담배를 끊는 일이 힘들다고 생각됐지만, 한 가지 중요한 것이 생기자 훨씬 쉬워졌다. 삼촌은 건강한 삶을 사는 사람이 되고 싶었다. 절대 흡연자로 남고 싶지 않았다. 흡연은 삼촌이 가진 가치관과 상충되기 때문이었다.

삼촌이 정말 우연한 일로 그런 결심을 한 것처럼 당신도 자신의 가치관과 방향이 같은 곳을 바라보는지 확인하기 위해 실제 생활과 가치관을 비교해 보고 행동을 체크해 보자. 나는 내 삶과 가치관이 일치하는지 궁금할 때마다 달력을 보는 것이 도움이 됐다. 달력에는 내가 실제로 행할 수 있을 만큼 가치 있는 것들만 적어 놓기 때문이었다.

남편 월은 여기서 한 걸음 더 나아갔다. 그는 지역 사회의 예술 행사를 지원하겠다고 결심했다. 그래서 우리 가족의 구글 달력에 예술 전용 달력을 추가했다. 책 사인회, 콘서트, 도서관 행사 등에는 보라색으로 표시를 해 놓아 우리가 실제로 이런 예술 행사에 참석하는지를 한눈에 알 수 있다. 서점을 방문해 무료 작가 콘서트에 참석할지, 공원에서 하는 음악회에 참석할지를 고려할 때 우리는 이를 단순히 화요일 밤을 어떻게 보낼지에 대한 평범한 선택으로 간주하지 않는다. 우리의 가치관에 비추어 결정을 내리는 것이다.

지난주 우리는 예술 달력에 표시돼 있는 대로 지역 도서관 재개관식에 참석할 계획이었다. 도서관 재개관식은 오래전부터 우리 가족에게 크게 의미 있는 일이었다. 그 도서관은 내 다른 책인 《차라리 책을 읽겠어(I'd Rather Be Reading)》에 나오는 '우리 집 옆 도서관'이기도 했다. 그런데 개관 기념 리본 커팅 행사는 개인적으로나 직업적으로 일정이 꽉 차 있는 가장 바쁜 날에 예정되어 있었다. 윌과 나는 시간 내기가 너무 어려워 가지 말아야겠다는 생각이 들었다. 그날 아침 60초 동안 우리는 행사를 건너뛰는 게 좋지 않겠느냐고 논의했다. 우리가 참석하지 않는다고 누가 아쉬워하겠는가. 그러나 우리는 지역 사회의 예술, 특히 도서관의 지원을 중요시한다. 도서관이라는 장소와 그곳에서 일하는 사람들은 우리에게 커다란 의미가 있고, 우리는 우리가 아끼는 사람들과 행사에 직접 참석하는 것을 가치 있게 여긴다. 당시 우리 마을의 도서관 시스템은 또 다른 예산 삭감에 직면해 있었고, 이 행사에서 우리의 존재, 즉 물리적인 지지의 표시는 중요한 문제였다. 우리의 가치관과 행동을 일치시키기 위해서는 우리가 가야만 하는 것이 분명했다.

## 당신에게 중요한 것은 무엇인가?

당신은 무엇을 중요하게 생각하는가? 어떤 사람이 되고 싶은가? 어떤 큰 그림을 가장 중요하게 생각하는가? 당신은 아마 즉시 답을 줄줄 읊을 수 있을 것이다. 대단히 훌륭하다. 이번 장을 통해 당신이 현재 어떻게 살아가고 있는지, 그리고 자신의 가치관과 결정을 어떻게 더 잘 조화시킬 수 있는지에 대한 아이디어를 얻길 바란다.

큰 그림의 가치가 불명확해서 답답하다면 용기를 내 보자. 논리정연한 큰 그림을 갖고 있지 않아도 괜찮다. 그림 속으로 걸어 들어갈 수도 있고, 큰 그림을 발견하는 과정이 될 수도 있다. 내 친구 앨리는 자신의 가치관이 확실해지자마자 곧바로 태국행 비행기를 탄 게 아니다. 그녀는 우선 지역 사회를 기반으로 활동했다. 나 역시 가족들을 만나기 위해 비행기를 타고 전국 방방곡곡을 돌아다니기 전 친구와 함께 한 블록 아래 커피 전문점에서 커피부터 마셨다. 만약 자신의 가치관에 맞게 결정하는 데 익숙하지 않다면 처음에는 주저할 수도 있다. 그래도 괜찮다. 연습하면 제2의 천성이 된다.

만약 여러분 중 자신의 가치관을 알아내려고 애를 쓰는 사람이 있다면 다음 두 가지 접근법을 이용해 보면 도움이 될 것이다.

첫째, 설명할 수 없는 가치관이 의사 결정 과정에 영향을 미치고 있는지를 파악해 보자. 시간과 돈, 에너지, 그리고 관심을 어디에 쓰는지 주목해 볼 필요가 있다. 우리는 자신에게 중요한 것에 자원을 할당하는 경향이 있기 때문이다. 이렇게 했을 때 자신의 가치관이 드러나기 시작하는가? 만약 그렇다면, 그리고 당신이 그것을 좋아한다면, 의식적으로 그 가치관을 더 철저하게 지키며 살 수 있을 것이다.

둘째, 떠오른 답이 마음에 들지 않으면 새로운 것을 선택하면 된다. 일반적으로 확인되는 핵심 가치로는 진정성, 정직, 친절, 신뢰성, 충성심 등이 있다. 친구들에게 나와 잘 어울리지 않는 것을 파악해 달라고 부탁해 보자. 평생 학습, 우정, 이상함, 유머, 모험 정신, 확실한 숙면, 새로운 것을 시도해 보고자 하는 다짐, 건강한 생활 방식 등으로 이름을 붙여서 말이다. 당신의 가치관이 모든 사람에게 맞을 필요는 없지만 자신에게만큼은 꼭 맞아야 한다.

　새로운 가치관을 선택하고 발견할 때, 자신이 어떤 사람이고 어떤 사람이 되고 싶은지 생각해 보면 명확해진다. 시간을 어떻게 보내고 싶은가? 어떤 일에 신경을 쓰는가? 언제 행복하거나 자랑스럽거나 성취감을 갖는가? 그때 무슨 일이 일어났고, 왜 그런 경험들이 그렇게 의미 있는 것이었을까? 처음에는 답이 분명하지 않을 수 있지만, 비슷한 예감을 가지고 앞으로 나아가는 게 중요하다. 명심하자. 당신은 자신만의 방식대로 살아야 한다. 그 길이 어디로 향하는지 아직 정확히 알지 못하더라도 당신은 여전히 그 길을 따라 나아갈 수 있다. 계속 움직이고, 계속 신경을 써 보자.

　계속 마음에 두고 실천하면 의사 결정에 대한 일관적인 필터를 만들어 낼 수 있다. 물론 쉽지는 않겠지만, 간단하다. 그것은 우리가 누구인지, 우리가 무엇을 아끼는지와 함께 우리로부터 시작되기 때문이다.

## 결정에 도움 되는 가치관 알아내기

　최근 나는 결정하는 데 막막함을 느끼면 스스로에게 '내가 이 결정을 내리는 데 영향을 미치는 확실한 가치관을 갖고 있는가?'라고 물어보곤 한다. 만약 '그렇다'라는 대답이 나오면 결정하기가 훨씬 쉬워진다.

스코틀랜드로 떠나는 여행에 관한 고민을 두고 이런 일이 벌어졌다. 나는 몇 달간 여행에 관해 곰곰이 생각해 봤다. 그러다 앨리가 내 가치관을 통해 그 여행을 바라보도록 이끌었을 때 마침내 비행기를 타야만 하는 이유를 얻을수 있었다. 아니, 사실 몇 가지 이유가 있었다. 윌과 나는 새로운 것을 함께 경험하는 것을 소중하게 여긴다. 우리는 우리가 아끼는 사람들을 위해 모임에 참석하는 것을 가치 있게 여긴다. 그리고 우리는 스코틀랜드에서 친구들과 시간을 보낼 수 있을 터였다. 우리는 새로운 문학 경험을 소중하게 생각하는데, 스코틀랜드 국립 도서 마을의 서사시 수업 참여에 초대를 받기도 했다. 여행을 빚을 내서 가는 것도 아니었고, 국제 항공료를 지불할 충분한 마일리지도 있었다. 기타 여행 비용을 위해 마련해 둔 적금도 있었다.

그때까지는 꽤 괜찮았다. 하지만 긴 비행의 두려움을 덜어 줄 만한 것이 더는 없었다. 그때 한 멘토가 내게 한 말이 떠올랐다. "두려움으로 이루어진 결정은 좋은 결정이 아니다"라는 말이었다. 나는 그가 옳다고 생각했다. 비행이 두려워서 집에 있는 것은 모두에게 실망스러운 결과일 뿐만 아니라, 내가 되고 싶은 사람과도 전혀 일치하지 않는 것이었다.

우리는 지나친 고민을 멈추고 여행을 가기로 결정했다. 어떻게 떠나지 않을 수가 있겠는가. 우리의 가치관은 이 선택이 매우 타당하다고 말해 주고 있었다.

- 당신은 무엇을 중시하는가?

- 당신은 어떤 사람이 되고 싶은가?

- 당신에게 가장 중요한 큰 그림의 가치는 무엇인가?

- 당신은 시간을 어떻게 보내고 싶은가?

- 당신은 어떤 일을 가장 소중하게 생각하는가?

- 당신은 언제 행복하고, 자랑스럽고, 성취감을 갖는가?  왜 그
  런 경험들이 그렇게 의미 있을까?

- 당신은 현재 시간과 돈, 에너지, 관심을 어디에 쏟고 있는가?

- 당신 스스로 확인하고 싶은 새로운 가치관이 있는가? 있다면
  무엇인가

책임감 있는 성인이 된다는 것은 가장 과소평가된 자기 관리다. 치과 예약을 하고, 세수를 하고, 요리를 하고, 집을 깨끗이 하고, 적당한 시간에 잠을 자는 등 그 모든 지루한 일을 한다는 의미다. 그러나 이런 일은 삶의 모든 부분을 더 좋게 만든다. 결국 가장 절대적이며 가장 간과되고 과소평가된 형태의 자기 관리라 할 수 있다.

— 세라 베시

## 제4장

# 여유 시간을 만들어라

개학이 사흘 후였다. 드디어 마지막 방학 숙제를 해치울 시간이었다. 당시 내가 살던 주에서는 간염이 널리 퍼져 있어 예방 접종이 의무였다. 다른 학생들처럼 우리 아이들 역시 예방 접종 주사를 맞았지만 예방 접종 증명서를 제출 해야만 학교에 갈 수 있었다.

마지막 순간까지 미루지 않기로 결심한 나는 7월 정기 검진 때 소아청소년과에서 필요한 서류를 발급받았다. 예 방 접종 증명서는 발급받기가 하늘의 별 따기였다. 예약을 하는 데도 평소보다 세 배 정도 시간이 더 걸렸다. 마침내 증명서를 트로피처럼 손에 쥐고 병원을 떠날 수 있었다.

증명서를 바로 스캔해서 아이들 학교로 보낼까 싶었지

만, 주 전역이 사람들 진찰 예약으로 꽉 차 있고 그다음 날은 우리가 여행을 떠나는 날이었다. 다행스럽게도 학교에서는 몇 주간 증명서 제출을 유예해 주었다. 서류 작업까지는 시간이 넉넉한 편이었다. 아니면 내가 그렇게 생각했을지도 모르겠다.

어쨌든 우리는 여행을 떠났고, 나는 서류에 대해 까맣게 잊어버렸다. 몇 주 후 증명서를 떠올린 나는 도무지 서류 원본을 찾을 수가 없었다. 남편이 증명서를 학교에 보냈을지도 모른다는 생각이 들어 남편에게 증명서 행방을 물어보겠다고 메모를 남겨 놓았다. 그러고는 그 일을 다음 날, 그다음 날까지 미뤘다.

우리 두 사람이 막 잠자리에 들려던 찰나, 월에게 증명서에 대해 물어봐야 한다는 사실이 떠올랐다. 물어보니 남편은 모르는 일이라고 했다. 그러자 갑자기 걱정이 밀려들었다. 거북한 골칫거리가 내 눈가에 아른거리기 시작한 것이다. 이 일을 매듭지을 때까지 잠들 수 없을 것 같았다.

나는 잠들 수 없었다. 취침 시간이 훨씬 지나도록 온 집안을 샅샅이 뒤졌으나 증명서는 어디에도 없었다.

집 안 곳곳을 돌아다니면서 서류를 찾지 못하면 어떻게 할지를 머릿속으로 떠올리기 시작했다. 소아청소년과에 다시 들러야 하나? 서류를 발급받으려면 최소 사흘 전에는 예약을 하고 직접 방문해야 했다. 대안을 마련하는 데 시간이 얼마나 걸릴지 계산해 보았다. 재발급을 받아야 한다면 병원에서 1시간은 기다려야 할 테고 자동차로 편도 20분은 잡아먹을 텐데, 과연 개학 첫날 재발급을 받는 것이 가능할까? 만약 아이들이 제시간에 학교 수업에 참석할 수 없다면 어떻게 되는 거지?

나는 '내 서류 작업은 엉망이다'에서 '내 인생 전체가 엉망이다'의 수렁으로 빠르게 빠져들었다.

헛수고에 에너지를 낭비하며 스스로에게 화를 내고 있다는 사실을 깨닫는 그 순간 사실 나는 이 책을 쓰고 있었다. 결국 나는 이 고민의 악순환에서 벗어날 수 없었던 셈이다. 아니면 이 악순환에서 벗어나지 않기로 선택했거나. 결국 또다시 취침 시간을 훨씬 넘기며 나는 그 어떤 것도 선택하지 못한 채 나 자신을 광란의 상태로 밀어 넣었다.

나는 스스로를 괴롭히는 해로운 생각의 순환 회로를 돌리고 있는 것 같았다. 다시 말해 나는 말 그대로 집 안을 빙빙 돌아다니며 서류를 찾았고, 찾지 못할 때마다 점점 더 동요하는 중이었다. 나의 생각과 행동은 반복적이고, 건강하지 못하며, 도움이 되지 않았다. 아무것도 얻지 못한 채 그저 진만 빼고 있었다.

## 습관의 중요성

우리는 지나친 생각을 머릿속에서만 일어나는 일이라고 생각하는 경향이 있다. 그러나 지나친 생각은 체계적이고, 해야 할 일 목록이나 세탁물 더미, 그리고 정신적·육체적 습관 등 우리가 하는 일에 관한 것이기도 하다. 서류 작업 문제는 내가 서류가 없어졌다는 사실을 알았을 때 시작된 것이 아니라 내가 해야 할 일을 미루었을 때 시작되었다. 나는 그 일을 미루기만 한 것이 아니라 훨씬 더 복잡하게 만들었다. 정리하자면, 내가 서류 작업을 마무리하기 위해 더 많은 두뇌의 힘이 필요했다는 것이다.

습관은 때로 우리에게 도움이 되기도 하고, 반대로 되지 않기도 한다. 나의 경우 후자였다.

책임감 있는 어른은 기본 원칙을 소홀히 했을 때, 즉 스스로 얼마나 많은 문제를 만들어 냈는지를 깨달을 때 좌절감을 갖는다. 많은 일, 즉 무언가를 찾을 수 있을 만큼 깔끔히 책상을 정리해 두고, 두뇌가 제대로 기능할 수 있도록 충분히 잠을 자고, 학교 행정실에 제출해야 할 서류를 스캔해 놓는 것과 같은 기본적이고 지루한 일들은 사실 지금 당장 중요하지 않다고 여기는 경우가 많다. 그래서 이런 일을 제대로 처리하다 보면 시간을 낭비하는 것처럼 느껴질 수도 있다. 하지만 이런 작은 노력이 언젠가는 보상으로 돌아온다. 좋든 나쁘든 이와 같은 기본은 필수적이며, 실제로 이런 행동을 바로바로 실천하는 체계와 계획을 설정하는 것은 우리의 정신적 기능에 큰 영향을 미친다. 따라서 올바른 습관을 확립해야만 지나친 고민을 멈출 수 있다. 해야 할 일을 그때그때 해결하기에 고민할 필요가 없다. 이미 오래전에 해치웠어야 할 일을 해결하기 위해 1시간에 걸쳐 정신없이 집을 뒤지는 시간을 낭비하지 않을 수 있는 것이다.

우리는 실패할 때까지 습관의 중요성을 깨닫지 못할지도 모른다. 평소 정리에 일가견이 있는 친구가 지난여름, 신용 카드를 일주일이나 잃어버린 적이 있다. 평소처럼 계산대에서 계산을 하고 카드를 챙기는 단 3초를 무시했던 까닭이다. 신용 카드를 찾느라 시간을 보내며 인생을 허비하는 것이다. 차라리 그 시간에 더 재미있는 일을 하고 싶은 게 모두의 마음 아니겠는가.

# 사이클 완성하기

어제, 독서 클럽에서 읽기로 한 책을 찾느라 30분을 허비했다. 우리 집은 내 사무실, 서재, 아이들 방, 지하실 등 온갖 곳에 책이 널브러져 있다. 우리 가족은 그냥 이런 게 좋았다. 침대 협탁과 커피 테이블에도 지금 읽는 중인 책이 쌓여 있다. 그게 우리 집의 시스템이고, 정말 효과가 있다. 내가 그 책들을 집어 들어 끝까지 읽기만 한다면 말이다.

그러나 가끔은 그럴 수 없는 경우도 있다. 이따금 책을 읽다 말고 퇴근 시간 직전 문학 블로그에 게시물을 서둘러 올릴 때도 있고, 아이들을 데리러 학교에 가기 전 우리 가족이 제일 좋던 시절 찍은 사진을 하염없이 들여다볼 때도 있다. 그러면서 책 몇 권을 일광욕실에 둔다고 나쁠 것 같지는 않다고 생각한다. 볼일을 다 본 뒤에 책을 읽어야겠다고 다짐은 하지만, 일을 마무리한 뒤에는 까맣게 잊곤 한다. 이 짓을 한 달 정도 반복하고 나면 결국 시스템은 무너지고 내가 무엇을 읽고자 했는지도 잊어버린다. 그리고 정말로 필요한 책을 어디서도 찾을 수가 없다.

집 안을 정돈할 때나 물리적 환경이 나를 방해하는 것을 막고 싶을 때 나는 종종 단순한 만트라 주문을 외운다. '사이클을 완성하자'라는 주문이다.[1] 이 말은 사실 '시작한 것은 끝을 내자'의 고급스러운 버전이다. 〈모던 미시즈 다시(Modern Mrs Darcy)〉 블로그의 한 독자는 자신의 가족들은 '고리를 뚫고 지나가자'라는 주문을 외운다고 한다. 그는 "우리는 모두 고리 근처에 있는 것은 잘하면서도 보상을 얻어야만 그것을 통과한다"라고 말했다.[2] 다른 독자들역시 비슷하게 '일단 한번 만져나 보자', '만져 보고 끝내자', '다음 단계를 시작하자' 등 비슷한 주문을 공유했다.

나에게는 '사이클을 완성하자'라는 말이 가장 큰 울림을준다. 나는 매일 같은 사이클을 시작한다. 아마 여러분 역시 마찬가지일 것이다. 이런 사이클을 완성할 때 우리는더 행복해지고 더 깔끔해진다. 이는 곧 우리가 시작한 무언가를 더 빠르게 마무리한다는 의미다.

완벽한 사이클의 몇 가지 장점은 너무도 명백하다. 시작한 일을 끝내지 못하면 우리는 중요한 서류를 잃어버린다.세탁이 끝난 옷은 깨끗하지만 건조기 바닥에 구겨진 채 방치되거나 옷장에 걸려 있어도 다림질을 하지 않으면 너무주름져 입을 수 없다. 어제 달걀을 요리한 냄비를 설거지하기 전까지는 아침 식사를 만들 수 없다.

신속하게 이런 사이클을 완성하면 우리는 피할 수 있는

모든 종류의 비상사태를 우회할 수 있다. 2016년에 우리 집에서 벌어진 일을 예로 들어 보자. 그해 2월, 우리는 세금 신고를 위한 서류 작업을 모두 끝냈다. 심지어 마감보다 두 달이나 먼저 해치워 스스로가 너무도 자랑스러웠다. 가장 복잡한 부분을 끝냈기에 관련된 일을 모두 마무리했다고 여겼다. 그러나 4월 15일, 우리는 정신없이 수표를 찾아 그날 밤 자정에 우체국까지 시내를 가로질러 달려야 했다. 복잡한 부분은 끝냈지만 서류 양식과 지불액을 발송하는 마지막 단계를 마치지 못했기 때문이다. 그날 밤, 남편과 나는 사이클을 완성하지 못한 스스로에게 저주를 퍼부었다.

물론 사이클을 완성하는 일이 마법의 만능열쇠는 아닐 것이다. 그러나 매우 현실적인 도움이 되는 것만은 분명하다. 열린 형태의 사이클은 정신적 에너지를 소모하고 두뇌 공간을 점유하며 지금 '진행 중인' 일을 감시하라고 간청한다. 또 우리의 뇌는 너무 다양한 사이클이 열려 있을 때는 불안해한다. 사이클을 유지하기 위해 에너지가 필요하기 때문이다. 이럴 경우 우리의 두뇌는 상황이 번잡하다고 인식한다. 결국 우리는 정식적 에너지와 제한된 작업 기억력을 잊지 않으려고 애쓴다. 컴퓨터의 메모리를 생각해 보

자. 램을 많이 사용할수록 기계 작동이 훨씬 더 부드러워지지 않는가. 따라서 사이클 하나가 완성되면 우리는 추적이 필요한 일에서 손을 떼고 당면한 다른 일에 집중할 수 있다.

물리적 공간으로부터 방해받는 것을 막기 위해서는 넓은 범위의 사이클을 완성하는 습관이 중요하다. 자, 여기 몇 가지 따라 할 만한 아이디어가 있다.

- 우편물은 가져오는 즉시 분류한다.
- 청구서는 수령하자마자 납부한다.
- 집에 도착하는 즉시 지정된 장소에 열쇠를 놓는다.
- 중요한 서류가 파묻히기 전에 책상을 정리한다.
- 식료품점에서 산 고기는 집에 오자마자 냉장고에 넣는다.
- 더러운 접시는 바로 식기세척기에 넣고 싱크대에 방치하지 않는다.
- 코트는 집 안에 들어서자마자 벗어 건다.
- 장을 본 후에는 가방을 개어 서랍에 넣는다.
- 소스가 다 떨어지면 바로 장 볼 목록에 적는다.
- 빨래가 다 된 옷은 주름이 지기 전에 개켜서 수납한다.

# 잡동사니 치워 버리기

우리는 종종 지나친 고민과 생각이 머릿속에서만 일어난다고 여기는 경향이 있지만, 사실 이 문제는 물리적 공간과도 밀접하게 연결되어 있다. 잡동사니를 치우는 것은 고민을 멈추는 좋은 방법이기도 하다. 열쇠를 찾느라 시간과 에너지를 쏟지 않아도 되고, 가끔은 열쇠를 찾느라 나락으로 몰락하는 인생을 막을 수도 있다.

잡동사니는 정신 건강에도 좋지 않다. 깨끗한 조리대는 내면의 고요함에도 도움이 된다. 중요한 서류는 다 마신 커피잔과 접착테이프랑 뒤섞여 주방 조리대에 쌓여 있으면 잊히기 쉽다.

정리 정돈을 잘하기 위해 '살림의 여왕'으로 유명한 마사 스튜어트의 생필품 라인인 '마사 스튜어트 리빙'을 전부 털 필요는 없다. 당신만의 사이클을 완성한다면 공간은 아마도 훨씬 더 깔끔해 보일 테니 말이다. 물론 깔끔함 자체가 중요한 것은 아니다. 공간을 효율화함으로써 사고 과정을 능률적으로 꾸릴 수 있다는 점이 중요하다. 그러면 여러분의 두뇌도 삶의 사소한 면면을 모두 가꾸기 위해 열심히 일할 필요가 적어질 것이다. 요점은 필요한 물건을 찾을 수 있는 수준의 정돈 습관을 유지하자는 것이다.

　나는 지저분한 공간에 쉽게 압박을 받는 타입이다(내 지저분함 기준은 자타 공인 굉장히 낮은 편이고, 책 더미 역시 지저분한 범주에 속하는 편도 아니지만 말이다). 다음 몇 가지 요령은 내가 컨트롤할 수 없는 상황을 통제하는 데 도움이 되었다.

- 무언가를 찾을 수 없다면 내가 정리를 시작해야 한다는 신호다. 정리를 하다 보면 내가 찾고 있던 물건을 발견하게 되는데, 목적을 갖고 물건을 탐색하기 때문에 당황하지 않는다. 게다가 그 물건을 찾을 무렵이면 공간이 이미 깔끔해진 상태라 훨씬 편하다.
- 정리가 안 돼 혼란스러움이 느껴지면 나는 한 군데를 기준점으로 정해 그곳을 집중적으로 정리한다. 내 사무실에서는 책상, 주방에서는 아일랜드 조리대, 침실에서는 침대가 기준점이 된다.
- 깨끗한 공간을 한 곳 확보한 뒤 왼쪽에서 오른쪽으로 청소를 해 나간다. 이 요령은 디스토피아 장르의 소설에서 배웠는데 정말 효과가 있다.[3] 지저분한 공간을 어떻게 해야 할지 고심하는 대신 나는 곧바로 행동으로 옮긴다. 발전하는 게 한눈에 보인다.

'잡동사니'를 정의해 보면 중요한 것에서 멀어지게 하고 중요한 것에 집중하는 일을 더 어렵게 만든다는 뜻 같다. 그리고 잡동사니에 더 많은 영향을 받는 특정한 부류의 사람들이 있다. 엄밀히 따지자면 나는 주요 독자층은 아니지만 수전 C. 핀스키의 책《ADHD를 가진 사람들을 위한 정리 정돈 법(Organizing Solutions for People with ADHD)》을 오랫동안 사랑해 왔다. 작가는 산만한 사람들에게 단순함을 강조하면서 열정보다는 실용적인 것이 중요하고, 어수선한 것이 가장 치명적이라고 말한다.[4] 우리는 물건을 정리하지 못할 때 노력, 시간, 스트레스, 그리고 돈을 추가로 지불해야 한다. 따라서 우리가 가진 것이 적을수록 정리하기가 더 쉽다. 핀스키의 말처럼 정리 정돈의 가장 좋은 방법은 바로 가진 것을 버리는 것이다.

## 같은 일 반복하지 않기

정신적 에너지를 절약한다는 것은 같은 일을 반복하지 않음을 의미한다. 한 번으로 문제 해결이 가능하고 혜택을 반복적으로 누릴 수 있다면 그렇게 하자. 두 번씩 같은 일을 반복하지 말자.

예를 들어, 나는 여행할 때마다 똑같은 짐 꾸리기 목록을 사용한다. 이 방법을 따라 하기 전 나는 늘 필요한 것을 잊어버리고 챙기지 못할까 봐 전전긍긍했다. 내가 자주 무언가를 잊어버렸기 때문이다.

하지만 이제 내 짐 꾸리기 목록에는 내가 언제나 잊어버리던 것들, 즉 칫솔이나 마스카라, 입 냄새 제거 사탕, 도서행사용 스티커 등이 있다. 여행 가방을 싣는 동안 목록을 체크하며 필수품이 빠져 있는지를 걱정하지 않아도 된다. 내 목록은 언제나 신뢰할 수 있기 때문이다.

## 건강 챙기기

신체 건강은 지나친 고민이라는 관점에서도 중요한 요인이다. 지나친 생각은 우리 머릿속에 있는 것이 아니다. 과잉 사고를 막기 위해서는 우리 몸에서 일어나는 일을 고려해 계획을 세워야 한다. 몸을 돌본다는 것은 곧 뇌를 함께 돌본다는 뜻이기도 하기 때문이다.

지나친 생각처럼 복잡한 주제에 직면할 때 네덜란드 정신과 의사인 베설 판 데르 콜크가 말하는 신체적 기초, 즉 '신체의 기본적인 살림'[5]에 집중하는 게 어리석어 보일지도 모른다. 그러나 이는 함정에 불과하다. 판 데르 콜크는 우리의 뇌, 마음, 그리고 신체에서 충격적인 경험이 어떻게 나타나는지를 연구하며, 매력적인 저서[6]를 통해 신체의 근본적인 욕구를 조절하는 일이 얼마나 필수적인가를 강조했다. 그는 "우리가 심성과 행동의 복잡함에 집중할수록 호흡, 식사, 수면, 배설과 같이 중요한 것들은 쉽게 무시된다"라고 했다.[7] 그럼에도 우리는 이렇게 중요한 기본 조건을 자주 무시하는 위험을 무릅쓴다. 그러나 신체의 작용은 뇌의 작용과 밀접하게 연관되어 있다.

9·11 테러를 경험하고 나서 내가 가장 먼저 한 일 중 하나는 카페인을 끊은 것이다. 나의 불안정한 마음과 혹사당한 몸에 추가적인 자극이 필요하지 않았기 때문이다. 한밤중에 배가 고프거나 잠에서 깼을 때 화를 낸 적이 있는 사람이라면 누구나 뇌와 육체의 유대를 경험해 봤을 것이다. 내가 예방 접종 증명서 때문에 정신머리를 놓은 이유는 바로 피곤했기 때문이다. 한밤중은 사실 고민이 늘어나는 최고의 시간이다. 졸리기 때문이다! 잘 쉬고 집중이 잘 되면 휴대폰에 집착하는 식의 어리석은 행동을 하지 않는다. 우리는 피곤하고 산만할 때 휴대폰을 점검한다. 충분한 휴식을 취한 사람일수록 토끼의 꼬리를 밟아 가며 토끼 굴에 들

어갈 가능성이 희박해진다.

《침묵의 화학》의 저자 헨리 에먼스 박사는 스트레스와 상실에도 불구하고 우리가 차분하고 감정적으로 안정된 상태를 유지할 수 있도록 하는 '탄성의 기본'으로 수면, 운동, 식이 요법을 꼽는다. 그는 "몸의 어떤 부분에 좋지 않은 점이 있다면 뇌에도 좋지 않다"고 말한다.[8] 그 반대도 마찬가지다.

이런 전략은 우리의 신체를 건강하게 할 뿐만 아니라 뇌도 건강하게 만들어 에너지와 집중력을 향상시킨다. 고민에 사로잡힌 정신은 절대 에너지 넘치고 집중할 수 있는 상태가 아니다.

운동 부족 역시 지나친 생각과 직결된다.

"값이 저렴하고, 적절하게 사용했을 때 부작용이 없으며, 복용하는 모든 사람에게 도움을 주고, 대부분의 만성 질환을 예방하며, 노화를 늦추고, 스트레스를 줄이며, 뇌를 보호하고, 기분을 좋게 하며, 자존감을 높이고, 심지어 성생활까지 향상시키는 약을 상상해 보라. 그런 약이 있다면 우울증에 효과적인 프로작보다도 훨씬 더 대중적일 것이다!"[9]

에먼스의 말이다. 그가 말하는 약은 다름 아닌 운동이다.

에먼스는 운동에 관해 다음과 같이 말한다.

"에너지의 경제는 좋은 투자와 같다. 현명하게 사용하면 훨씬 더 많은 이익을 얻을 수 있다. 최고의 투자는 결국 규칙적인 운동이다. 운동은 세포를 보호할 뿐만 아니라 사람을 양질의 에너지 생산자로 만들기도 한다."[10]

너무 복잡하게 생각할 필요 없다. 어떤 상황에서는 의사의 조언에 기반을 둔 정확한 처방이 요구될 수도 있지만, 우리 대부분은 몸을 돌보는 것에 관해 지나치게 생각할 필요가 없다. 얼마 전, 매년 받는 건강 검진을 위해 의사를 찾아간 나는 같은 교훈을 얻은 바 있다. 우리 가족의 병력이 걱정된다고 말하자, 의사는 너무 간단한 지시를 내려 주었다. 웃음이 터질 만큼 간단했다. 그녀는 나에게 다음과 같이 말하는 게 아닌가.

"지금도 근사한 몸매를 가지셨는걸요. 저는 모든 환자에게 딱 네 가지를 강조해요. 하루에 20분 이상 걷기, 충분한 수면 취하기, 제대로 된 식사 하기, 그리고 물 많이 마시기."

"정말 그게 다예요?"

내가 물었다.

"네, 그게 다예요. 세부적인 것들에 관해서라면 하루 종일 이야기할 수도 있겠지만, 이런 본질적인 것부터 시작하지 않으면 진짜 중요한 문제는 다룰 수도 없죠."

이 정도면 설명은 충분하지 않은가.

## 휴식 취하기

생각하는 것은 힘든 일이다. 정신적으로 휴식을 취하고 마음이 상쾌해질 때 생각을 정상 궤도에 올려놓기가 더 쉽다. 우리가 밤에 피곤한 것은 단순히 졸려서만은 아니다. 하루 종일 정신 집중을 하다 보면 에너지가 고갈되기 때문이다. 뇌가 지치면 고민에 빠지기가 더 쉽다. 따라서 밤뿐만 아니라 낮에도 정신적인 휴식을 취할 필요가 있다.

우리는 무엇에 관해서건 오래도록 생각에 집중할 수 있다. 이것이 바로 우리 모두가 평범한 삶을 살아가는 과정에서 10분, 몇 시간, 때로는 며칠 동안 휴식을 취하는 이유다. 그러니 규칙적인 휴식을 취해 보자. 생산성 전문가 로라 밴더캠에 따르면, 우리가 휴대폰을 들고 무심코 이메일이나 인스타그램과 같은 소셜 미디어를 확인하는 순간순간은 '가짜 휴식'에 불과하다.[11] 이런 휴식은 우리의 마음을 새롭게 단장할 시간을 빼앗는다.

에너지가 부족해지면 우리의 몸과 뇌는 진정한 휴식을 필요로 한다. 따뜻한 커피를 들고 앉아 있어도 좋고, 점심 시간에 짬을 내 즉흥적으로 서점을 방문해도 좋다. 압박감이 너무 심할 때는 조용히 앉아 단 몇 분만이라도 구름을 바라보자. 밴더캠은 이런 '의식적인 휴식'에 관해 다음과 같이 적고 있다.

"점심시간에 30분 정도 산책을 하면 그날 오후를 다시 깔끔하고 명료한 상태로 보낼 수 있다. 다시 말해 하루 종일 같은 자리에 앉아 오늘까지 끝내지 않으면 안 되는 일을 끝내기 위해 같은 이메일을 여섯 번 연속으로 읽으면서 머리가 뒤죽박죽되는 상황에 처하지 않아도 된다는 것이다."[12]

정신적으로 지치면 에너지가 고갈된 뇌는 방어할 능력이 없어지고, 그 사이를 비집고 지나친 고민이 흘러들어 온다. 그래서 나는 1~2시간을 한 타임으로 두고 일하는 것을 좋아한다. 잠깐씩 휴식을 취하는 것이다. 그리고 일과 일 사이에 잠깐이라도 산책을 한다. 나는 이를 '정신 건강을 위한 휴식'이라고 부른다. 말도 안 되는 소리 같지만 그렇지 않다. 다음은 내가 휴식 시간에 즐겨 하는 몇 가지 행동이다.

- 소설 한 챕터 읽기(직업이 독서와 관련되어 있다면, 일과 관련 없는 책을 잘 선택해서 일하는 기분을 느끼지 않도록 해야 함)
- 요리책이나 정원 가꾸기에 관한 책 읽기
- 우편함까지 가서 우편물 가져오며 이웃과 대화하기
- 잠깐 친구와 통화하며 근황에 관해 이야기하기
- 가볍게 달리기
- 유튜브 보며 5분짜리 요가 영상 따라 하기
- 이어폰 없이 혼자 산책하기
- 현관 그네에 몇 분 동안 앉아 있기
- 동네 서점을 방문해 잠깐 둘러보기

휴식을 취하는 것이 단순해 보이지만, 단순함이 효과적이지 않다고 생각할 때 지나친 불평과 고민이 생기기 시작한다. 이 전략으로 도움을 받고자 한다면 절대 복잡하게 생각할 필요가 없다.

## 나만의 방식에서 벗어나기

내가 예방 접종 증명서 때문에 매우 곤란한 상황에 처했을 때 이번 장의 어떤 전략이라도 택했다면 도움이 되었을 것이다. 서류를 발급받은 날 깔끔하게 정리해 두었다면 어디에 두었는지 찾을 필요도 없었을 것이고, 만약 그날 바로 스캔을 해서 학교에 보냈더라면 그 일은 그걸로 끝이었을 테니 말이다. 내 책상과 아일랜드 조리대가 조금만 더 깔끔했더라면 서류가 어디엔가 놓여 있다고 생각하지도 않았을 것이다. 그냥 잠자리에 들어 아침까지 푹 잤더라면 새벽에 허비한 1시간을 아끼며 다음 날 상쾌한 컨디션으로 그 일을 처리할 수도 있었을 것이다.

그런데 나는 그날 일단 무능한 나의 상태에 짜증이 나서 한바탕 눈물을 쏟아 내고는 침대에 누워 읽다 만 소설을 한 챕터 읽고 나서 잠이 들었다. 아침에 일어난 나는 전날 밤의 소란이 좀 당황스러웠지만 새롭게 시야가 트였다. 집에서 서류를 마지막으로 봤다고 생각했지만 혹시 차 안에서 본 것은 아니었을까 싶었던 것이다. 잠옷을 입은 채 밖으로 나가니 곧바로 서류를 어디에 놓았는지가 떠올랐다. 운전석 시트 옆 바닥이었다. 한 달 넘게 차에 탈 때마다 지갑을 그 위에 떨어뜨린 기억이 났기 때문이다. 서류는 약간 구겨진 채 발견되었다.

지나친 고민에 빠지면 어떻게 헤어나야 할지 몰라 무력감을 가질 때가 있다. 앞서 이야기한 것들은 평소 이런 고민에서 벗어날 수 있는 간단한 습관들이다. 단순한 습관이고 그래서 단순하게 들린다. 그러나 파급 효과를 과소평가하지는 말자. 서류를 묶어 놓자. 아침 식사를 마치면 접시를 치우자. 받은 서류는 그날 처리하자. 올바른 습관을 들인다면 고민이 시작되기도 전에 멈출 수 있다.

· 당신의 습관 중 도움이 되는 습관은 어떤 것인가? 어떤 노력을 더 기울여야 할까?

· 일을 제시간에 마칠 수 있는 자신만의 사이클을 만들어 보자.

· 어수선한 것이 중요한 일에 방해가 되는가? 만약 그렇다면 어디가 그러한가?

· 짐 꾸리기 목록처럼 일단 완성해 놓으면 반복적으로 쓸 수 있는 것이 있을까? 만약 있다면 어떤 것들인가?

- 당신은 건강을 잘 돌보고 있는가? 그 이유는 무엇인가?



- 당신의 수면·식사·운동 습관 중 변화가 필요한 것들이 있는가?



- 당신이 진정한 휴식 중 가장 좋아하는 것은 무엇인가? 새롭게 시도해 보고 싶은 휴식 방법이 있는가?

제2부
지나친 고민에서 벗어나는 법

생각이란 것이 여러 번 나를 슬프게 만들었지만, 그럼에도 내 평생 생각을 실천으로 옮기지는 않았다. …… 여기서 얻은 교훈이 있다. 자매들이여, 할 수 있는 한 좋은 행동을 실천으로 옮겨라. 그게 무엇이든 행동하는 게 중요하다.

— 엘리자베스 개스켈

# 제1장

# 나아가기 위해 속도를 올려라

대학 시절 오토바이를 한 번 타 본 적이 있다. 나는 결코 모험을 즐기는 부류는 아니다. 오토바이를 타고 싶다거나 타야겠다고 계획한 적은 없었다. 하지만 그날 나는 공항까지 가야 했고, 나와 같은 신입생은 캠퍼스에서 차를 끌 수 없었다. 그런데 오토바이는 허용되었다. 나는 친구 루크의 오토바이를 얻어 타고 공항으로 가기로 했다.

루크에게 지금껏 오토바이를 한 번도 타 본 적이 없어 긴장된다며 나를 위해 조금만 천천히 달릴 수 있겠느냐고 물었다.

그는 웃음을 터트리며 "미안하지만 그럴 순 없어"라고 대답했다.

친구가 오토바이를 얼마나 좋아하는지는 알고 있었지만 그래도 좀 무례한 대답이었다.

"세상에, 정말 고마워 죽겠네."

내가 대답했다.

"나를 믿어 봐."

그가 대화를 이어 나갔다.

"이렇게 시작하는 게 나아. 속도가 느리면 오토바이는 흔들려. 속도를 높여야만 안정적으로 탈 수 있어. 어린 시절 자전거 타는 법 배울 때랑 똑같아. 처음에는 불편할 수도 있지만 속력을 내는 순간 기분도 훨씬 좋아질 거야."

그리고 그의 말이 옳았다. 처음 몇 초는 이리저리 흔들렸지만 시간이 조금 지나자 오토바이는 부드럽고 멋지게 달렸다.

당시 나는 그 후로 내가 오토바이를 얼마나 자주 타게 될지 전혀 예측할 수 없었다. 오토바이를 타고 지나가는 대학생을 볼 때마다 루크와 동행한 그 짧은 여행을 떠올릴 수도 있지 않을까 짐작하는 독자들도 있겠으나, 그렇지 않다. 나는 천천히 신중하게 결정을 내려야 할 때 그날의 여행을 떠올리곤 한다. 내가 흔들릴 때마다 나는 그날 아침 오토바이를 얻어 탄 기억을 떠올리며 '때로는 속도를 내는 게 낫지 않나?' 하고 자문해 본다.

## 중요하다고 오래 생각할 필요는 없다

우리는 모두 되도록 좋은 결정을 내리고 싶어 한다. 그래서 중대한 결정에 직면하면 자동적으로 속도를 늦춘다. 자신이 그것을 심각하게 받아들이고 있는지 확인하고 싶기 때문이다. 천천히 계획을 세워 결정해야 할 사안도 있게 마련이다. 좀 어려운 가족을 어떻게 대해야 할지, 학교로 돌아가 학업을 이어 나가야 할지, 집을 사도 될지 등등 어떤 고민은 결정을 내리기까지 오랜 시간이 필요하다.

하지만 너무 고민하다 보면 어느 순간 시간만 낭비하게 된다. 천천히 움직이면 도움이 되리라 생각하지만 선택 사항을 고려하는 데 너무 많은 시간을 할애해 분석 마비에 갇히게 되는 것이다. 따라서 중요한 것이라고 해서 반드시 오래 생각할 필요는 없다는 사실을 기억해야 한다. 어떤 결정은 더 이상 생각할 필요가 없는 경우도 있다. 그 시점을 지나면 지나친 고민에 빠지게 된다. 이런 경우에는 계속 곰곰이 생각할 필요가 없다. 속도를 내야 한다. 즉 빠르게 결정을 내리고 조치를 취해야 한다.

때로는 일부러 곰곰이 생각하는 것과 지나친 고민에 빠지는 것을 구별하기가 쉬울 때도 있다. 또 어떤 경우에는 무슨 일이 일어나고 있는지 알아채는 데만도 시간이 오래 걸리기도 한다. 하지만 자꾸 연습을 하면 속도를 늦추는 것이 도움이 아니라 장애가 된다는 사실을 깨닫게 되고, 이런 과정을 거치다 보면 빠른 결정에 점점 능숙해진다.

다음 단계로 넘어가야 할 때라는 신호가 몇 가지 있다.

## 좋은 것 둘 중 하나를 고를 때는 빠르게

두 가지 좋은 선택 사항 중에서 결정을 한다는 게 마치 좋은 포지션을 취하는 것처럼 보이지만, '올바른' 대답이 없거나 결정을 내릴 방법이 마땅치 않아 어려울 때도 있다. 우리의 본능은 정답이 명백해질 때까지 위험을 무릅쓰고서라도 속도를 늦추고 싶어 한다. 그러나 이때 조심하지 않으면 바로 분석 마비에 빠질 수 있다. 따라서 두 가지의 좋은 선택 사항을 마주했다면 시간은 더 이상 필요하지 않다. 바로 다음 단계로 넘어가도 된다.

최근 내 친구 클레어는 큰 결정을 앞두고 속도를 늦추었다. 그리고 무슨 일이 일어나고 있는지 제대로 알고 생각의 속도를 올리기 전까지 성공을 거둘 수 없었다. 사실 클레어는 정말 멋진 이력을 갖고 있었다. 그녀는 트위터 초창기 직원이었고, 스타트업에 관해서 꿰뚫고 있었으며, 그 후로 몇 년간 자신의 사업을 성공적으로 운영했다. 그녀와 나는 사업체를 운영하는 여성 모임을 통해 정기적으로 만나는 사이다. 우리는 직업적 문제들을 토론하고 그 일을 어떻게 해결해야 할지에 관한 아이디어와 전략을 공유한다.

어느 해 길고 긴 여름, 우리는 클레어가 자신의 사업을 두고 큰 그림을 그리며 결정이 필요하다는 이야기를 내내 들어 주었다. 다음 단계는 경영에 필요한 컨설턴트를 고용하는 것이라고 그녀는 결론 내렸다. 컨설턴트라면 새로운 시각으로 사업을 평가하고 앞으로 나아갈 방법을 제시하는 등 그녀를 도와줄 수 있을 터였다. 클레어는 컨설턴트를 찾기 위해 여기저기 수소문을 해 보았다. 결국 능력 있고 말이 잘 통하며 적극적인 추천을 받는 2명의 확실한 후보를 만나게 되었다. 이제 결정만 남아 있었다.

그러나 클레어에게 이건 정말 큰 결정이었다. 우리 모임 사람들은 그녀에게 무슨 일이 일어나고 있는지 깨닫게 되었다. 클레어는 이미 충분한 고려를 했음에도 점점 더 고민에 빠져들고 있었다. 이제 그만 결정을 내릴 시기였다.

그녀의 오토바이가 마구잡이로 흔들리고 있다는 게 눈에 훤했다.

그래서 다음 만남에서 우리는 동전 던지기로 결정을 해보는 게 어떻겠느냐고 제안했다. 동전의 앞면이 나오면 1번 후보로, 뒷면이 나오면 2번 후보를 결정하라는 것이었다.

클레어는 동전을 던졌고, 곧바로 컨설턴트를 고용했다. 사실은 동선의 앞면이 나오는 순간, 그녀는 자신이 2번 후보를 더 바라고 있었다는 사실을 깨달았다. 그래서 2번 후보를 선택했다. 어쨌거나 선택을 하긴 한 것이다.

만약 두 가지 좋은 선택 사항 중에서 고민하고 있다는 사실을 깨닫는 순간이 오면, 얼른 하나를 선택해 보자. 선택을 하기 전까지 결정은 언제나 마음 깊은 곳에 숨은 채 우리로 하여금 앞으로 나아갈 수 없게 만들기 때문이다.

## 싫은 것 둘 중 하나를 고를 때도 빠르게

나의 지나친 고민 패턴에 대해 신경을 쓰기 시작하면서 나는 놀라운 점을 알아차렸다. 내가 무엇을 해야 할지 모를 때 지나친 고민에 굴복하는 것은 아닐까 짐작하면서도 사실은 실제로 벌어지지 않은 일까지 고민하는 경우가 많았던 것이다. 때로는 아무것도 하기 싫어서 어쩔 줄 모르는 척만 할 때도 있었다(한밤중 잠에서 깨어 화장실에 가야 하나 말아야 하나를 가지고도 20분이나 고민하며 누워 있어 본 사람이라면 내가 무슨 말을 하는지 이해하리라 믿는다).

문제가 크든 작든 어떤 일에 대한 자신의 결정이 마음에 들지 않으면 계속 다른 방법을 찾아보고 싶은 유혹에 빠질 수 있다. 그럴 경우 자신이 게으르거나 완벽하지 않거나 멍청하기 때문이라고 여겨서 그 결정을 좋아하지 않을 수도 있다. 그 결정이 반드시 옳은 것은 아니지만, 일단 결정을 내리면 끝까지 밀고 나가는 게 중요하다.

두 가지 좋은 선택 사항 중 하나를 선택해야 하는 것이 어떻게 지나친 고민으로 이어질 수 있는가에 관해 앞에서 살펴봤는데, 흥미롭게도 두 가지의 불쾌한 선택 사항 중에서 하나만 고르는 것 역시 똑같다. 두 경우 모두 앞으로 나아가기 위해서는 일말의 조치가 필요하다.

작년에 일 때문에 출장을 가서 평소보다 몇 단계 높은 호텔에 묵은 적이 있다. 벽에는 빈티지 앨범과 레트로 스타일의 빅트롤라(유명 축음기 상표명—역주) 스피커가 달려 있고, 압생트가 룸서비스 메뉴에 버젓이 올라 있는 고급스럽고 여유로운 분위기의 호텔이었다.

　침대는 편안했고, 베개는 부드러웠으며, 암막 커튼은 아주 효과적으로 작동했다. 그런데 자려고 눕자 방 전체가 나지막한 파동으로 진동을 했다. 음악은 들리지 않았지만 몸이 진동을 느끼고 있었다.

　너무 피곤했으므로 이 정도는 괜찮을 거라고, 바로 잠들 거라고 스스로에게 말했다. 하지만 잠은 쉽게 오지 않았다. 나는 몸을 뒤척이며 늘 쓰던 방법을 시도해 보았다. 자리에서 일어나 세수를 하고 베개를 털었다. 백색 소음 플레이어를 작동시켜 바닷가 소리나 잔잔하게 흩뿌리는 빗소리를 내 보았지만 소용이 없었다.

　프런트에 전화를 걸어야 할 것 같았지만 무례한 손님이란 소리를 듣고 싶지는 않았다. 프런트에서 이 소음을 진정시켜 줄 수 있을지도 확신할 수 없었다. 음악이 어디서 들려오는지도 몰랐고 실제로 시끄럽지도 않았다. 지나친 고민이 무르익어 갈 무렵, 나는 반쯤 잠에 빠진 상태였다. 금방 잠들 수 있을 거라고 나 자신에게 속삭였다.

　그 뒤로 매 순간 각성 상태를 느끼며 아침 모닝콜 전화가 울리기만을 기다렸다. 내가 해야 할 일이 무엇인지를 알고 있었지만 그렇게 행동하고 싶지 않았다. 그러다가 마침내 수화기를 들고 프런트에 불만을 털어놓았다.

"여기 610호인데, 계속 베이스 소리가 나면서 진동을 해요. 어디서 나는지 모르겠지만, 이 소리가 멈춰야 잠을 잘 수 있을 거 같아요."

호텔 직원은 사과하며 경비원을 보내 처리해 주겠다고 말했다. 나는 이들이 대체 어떻게 이 소음을 잠재울 수 있을까 의심쩍었다. 그런데 3분 후 소음이 멎었다.

해결책이 그토록 손쉽다니. 믿을 수 없었다. 몇 시간 일찍 전화를 걸지 않은 나 자신에게 짜증이 솟구쳤다. 전화 한 통으로 진동이 멎고 편안히 잠들 수 있었으니 말이다.

2시간이나 시달리고 얻은 그 이상적인 결과는 앞으로 있을 여행의 규칙을 새로 만드는 계기가 되었다.

'의심스러운 일이 있을 때는 무조건 호텔 프런트에 전화하기.'

도움 요청의 장점은 항상 일이 잘 풀리지는 않더라도 불편한 상태보다는 낫다는 것이다. 그 몇 달 뒤 나는 다른 호텔에 투숙했다. 새벽 1시가 넘은 시각에 술에 취한 낯선 무리들이 큰 소리로 노래를 부르며 내 방 앞을 지나가는 게 아닌가. 나는 곧바로 프런트에 전화를 걸어 상황을 이야기했다. 담당 매니저가 사과하며 설명했다.

"죄송합니다. 오늘 밤 호텔에서 결혼 전야 파티가 많이 열리고 있습니다."

잠을 자긴 쉽지 않았지만 적어도 나는 어떻게 하면 좋을까 하며 스스로를 고문하는 짓은 하지 않았다(물론 귀마개를 찾아 꼈지만 말이다).

좀 더 흔한 예도 있다. 쇼핑에 대한 나의 혐오는 때때로 나를 곤경에 빠뜨린다. 나는 옷을 사는 것을 즐기지 않을 뿐더러 최대한 피한다. 그래서 쇼핑을 해야 한다는 것을 알면서도 언제 어디서 해야 할지, 정확히 무엇을 사야 할지 결정을 미루곤 한다. 하지만 어느 순간, 모든 청바지의 엉덩이에 구멍이 나기 시작하면 어쩔 도리 없이 새로운 청바지를 마련해야 한다. 때가 될 때까지 최대한 쇼핑을 미루는 나의 '전략'이란 게 일시적으론 작동할지 모르나 언젠가는 내가 싫어하는 쇼핑에 많은 관심을 쏟아부어야 한다는 뜻이다.

하기 싫은 일을 미룬다는 것은 곧 그 불쾌한 일을 위해 필요 이상으로 오래도록 관심을 쏟아야 한다는 뜻이기도 하다. 문제를 고민하는 동안 부정적인 것에 매달려야 한다는 뜻이다. 만약 무언가를 두려워한다면 차라리 빨리 처리해 버리는 게 스스로를 돌보는 길이다. 해야 할 일을 두고 너무 오래 고민하고 있다면 우리가 할 수 있는 최선의 방법은 앞으로 나아가기 위해 속도를 내는 것뿐이다. 그러므로 되도록 빨리 조치를 취하는 게 낫다.

## 다 그만두고 싶더라도 뒹굴지 말고 나아가자

때로는 의도적으로 속도를 늦추는 경우도 있다. 대외적으로는 전진을 거듭하면서도 정신적으로나 감정적으로는 전혀 나아가지 못하는 경우다. 속도를 내는 것처럼 보일지 모르지만 내면은 여전히 흔들리는 중이다.

지난 6월의 어느 금요일, 나는 예상치 못한 문제로 당황하고 있었다. 금요일은 한 주의 리듬으로 보자면 대체로 조용한 날이지만, 정신적으로 힘든 약속으로 가득했다. 사실 그 주 내내 나는 엉망진창이었다. 피곤했지만 저녁 계획이 기다려지기도 했다.

남편과 나는 처음으로 지인들을 초대해 저녁 식사를 대접하기로 했다. 새로운 손님들이 우리 집에서 편안함을 느끼길 바라며 그에 맞게 계획을 세웠다. 집을 깨끗하게 치운 뒤 나는 가벼운 식사를 위한 재료들을 준비했다. 손님들이 채식주의를 지향한다는 이야기를 듣고 나는 국수호박으로 속을 채운 타코 음식을 제공해야겠다고 마음먹었다. '스미튼 키친(Smitten Kitchen : 요리 레시피를 제공하는 웹사이트—역주)'에서 레시피를 처음 접했을 때는 다소 의심스럽긴 했지만, 몇 년간 저녁마다 해 먹은 까닭에 그 채식 타코 조리법은 고기를 즐겨 먹는 우리 가족들도 좋아하는 음식이고 손님들에게도 꼭 선보이는 메뉴였다.[1]

그런데 그날 오후 마지막 회의가 끔찍하게 길어지는 바람에 저녁 식사를 준비할 시간이 모자랐다. 나는 호박을 굽는 것을 더 좋아했지만 오븐을 켜기에는 날씨가 너무 더워 그냥 전자레인지에 돌려야겠다고 생각했다. 다른 재료를 준비하며 김이 제대로 빠질 수 있도록 칼로 호박에 구멍을 뚫었다. 호박은 옅은 노란빛이 돌면서 잔잔한 줄무늬가 아로새겨져 있었다. 식료품점에서 파는 평범한 노란 호박보다도 훨씬 예뻤다.

전자레인지에서 호박이 소리를 내며 익어 가고 있었다. 30분쯤 뒤 이제 얼추 익었겠다고 생각하며 전자레인지를 살피는데 호박 밑으로 물이 고여 있는 게 아닌가. 이상하다 생각하며 호박을 꺼내려고 살포시 집어 드는 순간 나는 호박이 왜 그렇게 예뻤는지 깨달았다. 30분 동안 호박이 아니라 멜론을 전자레인지에 돌린 것이다.

"정말 바보 같아. 이런 짓을 하다니. 하필이면 그것도 오늘!"

남편에게 믿을 수 없다는 듯 말했다.

"괜찮아. 짜증 내 봐야 당신 기분만 나쁠 뿐이야. 연연해하지 마. 별일 아닌데, 뭐. 그리고 솔직히 재밌잖아."

남편이 나를 다독였다.

남편이 옳았다. 누가 멜론을 전자레인지에 넣고 돌리겠는가. 스스로를 질책하며 불행에 빠져 뒹굴고 싶은 유혹도 느꼈지만, 그건 누구에게도 특히 나에게는 더더욱 아무 도움도 되지 않을 일이었다. 때로 우리는 정확히 무엇이 잘못되었는지를 평가하며 도움을 얻고 다음번에 더 잘 해낼 수도 있지만, 이번에는 그럴 필요가 없었다. 다시는 이런 일이 일어나지 않으면 그만이다. 나는 내 실수를 곱씹을 필요가 없었다. 짜증을 그만 내고 다음으로 넘어가면 될 일이었다.

나는 대신 내가 해야 할 일에 주의를 돌렸다. 당연히 내가 가진 선택 사항을 다시 연구할 시간적 여유가 없었다. 우리는 저녁 식사를 준비해야 했고, 메뉴는 별로 중요하지도 않았다. 윌은 아이들을 모아 주방 밖으로 데리고 나갔고, 저녁 식사는 온전히 내 차지가 되었다. 다른 채식용 재료가 있을까 싶어 팬트리를 열어 봤지만 이제 와서 메뉴를 바꾸기에는 더 많은 창의력이 필요할 것 같았다. 피자를 주문할까 하다가 타코를 준비한다고 말도 해 놓았고 아직 그렇게까지 상황이 열악한 편은 아니라고 생각했다. 정신적으로 가장 덜 타격을 입는 선택 사항은 다시 식료품점으로 달려가는 것뿐이었다. 화가 머리끝까지 나서는 열쇠를 집어 들고 분을 나섰다.

웃음은 상황을 무색하게 만드는 힘이 있다. 식료품점으로 가는 길에 나는 친구에게 전화를 걸어 내가 한 짓에 대해 털어놓았다. 친구는 미친 듯이 웃어 댔고, 그 웃음소리에 나도 어느 정도 진정이 되는 기분이었다. 내가 생각한 것보다 훨씬 빠르게, 고작 20분 만에 나는 전자레인지에 돌린 멜론과 닮은 호박을 사 가지고 왔다(치즈와 크래커도 추가로 사 왔는데, 저녁을 준비하는 데 시간이 좀 걸릴 예정이었기 때문이다).

집을 방문한 친구들을 반갑게 맞이한 우리는 와인을 따라 주며 모두를 주방으로 불렀다. 원래 준비해 둔 칩과 과카몰레, 그리고 치즈를 함께 냈다. 그사이 저녁이 완성되어 친구들에게 대접할 수 있었다. 정말 근사한 저녁이었다. 식사를 하며 나는 친구들에게 그들이 오기 전 무슨 일이 있었는지를 이야기해 주었다. 모두 웃음을 터트렸다.

　다음 단계로 나아가야 한다는 것을 알게 되면 진심을 담아 행동해야 한다. 고민만 하고 있으면 부정적인 것에 매달리게 된다. 그럴 시간이 없다. 그럴 만한 정신적 여유도 없다. 그러므로 뒹굴지 말고 흔들리지 말고, 나아가자.

- 결정을 앞두고 우왕좌왕하며 흔들릴 때가 있었는가? 결정에 속도 를 좀 냈다면 상황은 어떻게 달라졌을까?

- 두 가지 좋은 선택 사항 중에서 하나만 골라야 한 적이 있는 가? 결국 어떤 결정을 내렸는가? 혹시 지금 두 가지 좋은 선택 사항을 놓고 고민하고 있지는 않은가?

- 무엇을 해야 하는지 알면서도 하기 싫은 적이 있는가? 그때 어떤 경험을 했는가? 어떻게 나아갔는가?

- 작은 실수를 할 때마다 스스로 다그치는 경향이 있는가? 무엇이 잘못되었는지를 계속 곱씹는가? 혹시라도 미래에 실수 때문에 자신을 질책하고 싶은 일이 생기면 어떤 행동을 하고 스스로에게 어떤 조언을 하고 싶은가?

좋은 것도 나쁜 것도 없다.

다만 생각하는 대로 이루어질 뿐이다.

— 윌리엄 셰익스피어

제2장

# 자신만의 정원을 가꾸는 법

미식가 장 앙텔름 브리야사바랭은 "당신이 무엇을 먹는지 말해 주면, 나는 당신이 어떤 사람인지 말해 주겠다"라고 한 적이 있다.[1] 당신 마음에 떠오르는 것이 바로 당신이 생각하는 것 아닐까?

우리가 지속적으로 생각하는 것들은 우리 삶에 반영된다. 우리가 관심을 두는 것들이 우리를 둘러싼 세상, 그리고 우리의 경험 방식에 지대한 영향을 미친다.

위니프리드 갤러거가 그녀의 훌륭한 책 《몰입(Rapt)》에 쓴 것처럼 "당신의 삶은 당신이 집중하는 것과 그렇지 않은 것의 창조물"이다.[2] 이는 갤러거가 어렵게 얻어 낸 결과물이다. 《몰입》은 '특히 고약하고 상당히 진전된'[3] 암 진단으로 시작된다. 그러나 저자는 병원을 나서자마자 깨달음을 얻는다. 치료하는 동안은 질병이 자신의 신경과 주의를 독차지하겠지만, 그 대신 그녀는 자신의 삶에 집중할 수 있을 터였다. 그해가 그녀 인생에서 최고의 해는 아니었지만, 최악의 해도 아니었다. 바로 초점의 힘 덕분이었다.

우리는 생각을 통해 세계를 만든다. 그래서 두 사람이 엄청나게 다른 방식으로 같은 일을 경험할 수 있는 것이다. 고등학교에 다니던 시절, 친구와 나는 같은 학기에 똑같이 5킬로그램을 감량했다. 같이 운동을 했는데 한 사람은 외모에 집중했고, 한 사람은 몸매 관리에 집중했다. 그리고 우연히도 그 둘 중 하나는 짜증을 내며 비판적으로 변했고, 또 한 사람은 침착하고 자신만만해졌다(물론 내가 누구였는지는 말하지 않겠다. 나를 나쁜 사람으로 만들 테니 말이다). 우리의 행동은 겉으로 보기에는 똑같았을지 몰라도 경험은 상당히 달랐다. 그러므로 어디에 초점을 두느냐에 따라 경험도 달라진다.

초점이 내적 경험에만 영향을 미치는 것은 아니다. 그런 생각이 머릿속에만 머물러 있지 않기 때문이다. 생각은 우리가 느끼는 것에 직접적으로 영향을 끼친다. 생각과 감정은 분리될 수 없다. 우리는 행복하거나 느긋하거나 흥분하거나 부드러움을 느끼는 것 등을 선택할 수 없다. 그런 감정들이 우리의 생각에 뿌리를 두고 있기 때문이다. 우리에게 일어나는 일 중에는 우리가 통제할 수 없는 것들이 종종 있다. 그러나 우리가 무슨 일이 일어나는지를 생각하는 것은 우리가 어떻게 느끼는지, 그리고 그것에 대해 어떻게 할지 결정하는 데 영향을 미칠 수 있다. 우리의 생각이 감정과 행동, 문제에 관해 생각하는 것에 스며들기 때문이다.

사람은 누구나 긍정적인 생각을 키울 때 기분이 좋아지고, 부정적인 생각을 키울 때 기분이 나빠진다. 생각은 경험뿐만 아니라 삶의 질에도 직접적인 영향을 미친다. 기분이 좋을 때 우리는 더 친절하고, 더 창의적이며, 사고방식은 더 넓어지고, 가능성에 더 마음을 열게 된다. 그러나 부정적인 것에 초점을 맞추면 기분이 나빠질 뿐만 아니라 악순환이 일어나 점점 더 과한 고민에 집착하는 유형으로 변한다.

따라서 긍정적인 생각을 하면 긍정적인 행동을 취할 가능성이 더 커진다. 원하지 않은 일이 일어났을 때도 억지로 긍정적으로 생각하라는 의미는 아니다. 다만 상황을 어떤 시각으로 바라보느냐에 따라 도움이 될 수도 있고 그렇지 않을 수도 있다는 뜻이다. 부정적인 생각을 하면 만족스러운 행동을 취할 가능성도 작아진다.

## 당신이 생각하는 것을 선택하라

매우 중요한 사실이 하나 있다. '우리는 생각하는 것을 선택할 수 있다!'는 것이다 나는 이 사실을 15년 전 철학자이자 신학자이던 달라스 윌라드가 쓴 《마음의 혁신》이란 책을 통해 알았다. 이 책에서 저자는 "우리가 느끼고 생각하는 것은 매우 큰 선택의 문제인제, 무엇을 생각하고 무엇에 마음을 쓰며 무엇을 느끼는지에 대해 매우 신중해야 한다"[4]고 했다.

지나친 고민의 시간을 줄이고 더 중요한 것들에 더 많은 시간을 쓰고 싶다면, 생각을 신중하게 하는 법을 배워야 한다. 이를 위해 나는 갤러거의 책 《몰입》에서 처음 마주친 은유를 받아들이게 되었다. 갤러거는 다음과 같이 충고한다.

"당신만의 정원이 있다고 생각하고 그곳에서 당신의 생각이 자라도록 뿌리를 내려라."[5]

우리는 나만의 정원을 가꾸는 법부터 배워야 한다.

많은 사람이 생각이 삶에 미치는 엄청난 영향을 깨닫지

못하고, 자신이 가꾸는 정원에 신경을 쓰지 않는다. 이건 정말 엄청난 실수다. 주의력은 강력한 힘을 지니고 있으며, 우리는 좋든 나쁘든 자신의 주의력을 이용할 수 있다. 생각은 나의 동맹이 될 수도, 적이 될 수도 있다. 우리는 두려움과 걱정, 그리고 다른 사람들이 나를 어떻게 생각하는가에 대해 집중할 수 있다. 진정한 완벽주의자처럼 내가 망친 사소한 일이나 내가 부족하던 것들에 집중할 수도 있다. 불쾌한 대화나 상황을 마음속으로 곱씹어 볼 수도 있다. 생각은 감정을 자극하므로 우리는 좋은 삶을 살 수도 있고, 계속 비참함을 느낄 수도 있다. 갤러거와 수많은 사람이 발견한 것처럼 불쾌한 상황에 직면할 수도, 평화와 기쁨을 만끽할 수도 있다. 모든 것은 내가 무엇에 초점을 맞추느냐에 달려 있다.

존 밀턴은 "마음은 그 자체로 제자리에 있으며, 마음이 천국 같은 지옥을, 지옥 같은 천국을 만들 수 있다"[6]고 했다. 생각을 신중히 선택하면 자신만의 정원을 가꿀 수 있다.

## 문제를 곱씹는 강박적 반추

어쩌면 당신은 이렇게 생각하고 있을지도 모른다.

'다 좋다. 근데 내가 생각을 신중하게 선택하려고 해도 잘 안 될 때가 있다.'

우리의 뇌가 지나친 생각의 순환 고리에 갇혀 생각을 선택할 수 없다고 느끼면 그때는 어떻게 해야 할까?

이 책에서 나는 지나친 고민을 '아무것도 성취하지 못한 채 우리를 기분 나쁘게 만드는 반복적이고, 건강하지 못하며, 일말의 도움도 되지 않는 사고 체계'라고 정의해 왔다.

이제 나는 과도한 생각을 일종의 '강박적 반추'로 구분하고자 한다. 삼킨 먹이를 게워 내 계속 씹는 소[7]의 소화 과정이 생각의 반복적인 사고와 비슷하기 때문이다. 소에게는 이런 되새김질이 효과적일지 모르나, 인간에게는 결코 좋은 일이 아니다. 반추는 우리의 초점을 가로채고 우리를 비참하게 만들 뿐이다.

곰곰이 생각하면 뇌는 휴식을 취할 수 없다. 생각은 계속 돌고 돈다. 우리는 마치 쳇바퀴를 달리는 햄스터처럼 갇힌 느낌을 받는다. 부정적인 생각과 그로 인한 부정적인 감정은 우리의 명료한 사고 능력과 행복감을 손상시킨다.

우리는 반추를 할 때마다 도움이 되지 않는 방법으로 문제에 집중한다. 만약 문제 해결 그 자체에 집중한다면 분명 도움이 될 것이다. 하지만 반추는 그렇지 않다. 해결책을 찾는 게 아니라 문제 자체를 곱씹는다. 그리고 부정적인 생각을 하면 부정적인 감정을 느끼게 된다.[8] 반추의 치명적인 단점이다. 반추는 우리의 감정에 영향을 끼치고 그 후에 취할 행동에도 영향을 끼친다.

지나친 심사숙고는 문제 해결을 방해할 뿐만 아니라 그 자체로도 문제를 야기한다. 문제를 곱씹으면 당면한 문제에 비례해 걱정과 불안이 커지고 이는 다시 지나친 생각으로 이어진다. 가장 큰 문제는 이 내면의 고통이 전혀 불필요한 것이라는 점이다.

이런 문제를 방치하면 시간이 지날수록 상황은 더욱 악화된다. 지나치게 생각하면 할수록 우리는 그런 생각 패턴을 더욱 강화해 문제 탈출 자체가 어려워진다.[9] 수십 년간 지나친 고민에 빠져 살았다는 것은 우리가 자신의 정원 곳곳에 씨앗을 뿌려 놓고도 잡초에만 비료를 주고 있었다는 뜻이다.

이럴 필요는 없지 않은가. 변화는 가능하다. 긍정적인 사고 습관을 강화하는 법을 배우면 된다. 지나친 고민을 통제하는 법도 배울 수 있다.

## 반추의 순간을 방해하기 위한 전략

어떻게 일생에 걸친 반추를 극복할 수 있을까? 어떻게 하면 당신의 생각을 조금 더 생산적인 경로로 바꿀 수 있을까?

우선, 생각이 떠오르면 어떻게 해야 할지 계획을 미리 세워야 한다. 생각은 어느 순간 갑자기 팍 떠오르기 때문이다. 생각이 떠올랐을 때 반추를 방해하고 부정적인 생각을 잘라 내 과도한 고민을 멈추게 할 전략이 필요하다. 시간이 흐르면 당신은 어떤 생각을 걸러 내고 어떤 생각을 수정해야 하는지 현명하게 결정하는 방법을 배우게 될 것이다. 의식적으로 새로운 신경 경로를 많이 만들어 내면 반추를 멈출 수 있으며 지나친 고민을 줄일 수 있다. 그리고 그때 당신의 기분은 정말 끝내 줄 것이다.

오랫동안 계속된 지나친 생각을 멈추기가 결코 쉽지는 않겠지만, 시간이 지나면서 주의를 집중할 수 있는 능력이 강화될 것이다. 생각과 그 결과, 감정과 행동에 대한 통제력을 되찾을 수 있을 것이다. 새롭고 건강한 생각의 패턴을 강화하면 이렇게 배운 전략이 말 그대로 당신의 뇌와 연결된다. 물론 하루아침에 해결되는 것은 아니다. 너무 깊이 생각하는 것은 힘든 일이다. 나는 몇 년이나 수련을 했지만 아직도 지나친 생각에 빠질 때가 있다. 하지만 이런 전략 덕분에 나는 부정적인 생각이 들거나 지나친 생각이 계속되는 것에 대처할 준비가 되어 있다고 느낀다.

다음 전략 중 첫 번째를 제외하고 나머지는 순서대로 따를 필요가 없다. 자유롭게 실험해 보고 어떤 전략이 당신에게 가장 적합한지 살펴보기 바란다.

## 자기 생각을 눈여겨보라

행동은 의식하는 순간 이미 돌이킬 수 없다. 첫 번째 단계는 자신이 무슨 생각을 하고 있는지 눈여겨보는 것이다. 습관적으로 당신의 초점은 어디에 맞춰지는가? 어떤 상황에서든 자동적으로 부정적인 것에 초점을 맞추지는 않는가? 어떤 주제에 빠져드는가?

입 밖으로 큰 소리를 내는 것도, 머릿속으로 말하는 방법도 좋다. 일단 자기 생각에 주의를 기울여 보자. 누구도 부정적인 말을 끊임없이 내뱉는 사람 곁에 있는 것을 좋아하지 않는다. 부정적인 생각 때문에 주변에 아무도 남아 있지 않게 되었을 때 비로소 깨닫게 될 뿐이다.

글을 쓰는 나의 생활에 적합한 예가 있다. 글을 쓴다는 것은 가끔, 아니 사실 굉장히 자주 어려운 일이다. 그 과정이 너무 어려워 기가 죽을 때면 나는 내가 가장 좋아하는 책 중 하나인 월리스 스테그너의 《안전함을 넘어가다(Crossing to Safety)》 중 한 문장을 떠올린다.

"힘들게 쓴 글이 쉽게 읽힌다."[10]

이 간단한 한 문장은 과정이 어려워도 괜찮다는 것을 상기시키며 내가 계속 열심히 쓰면 결국 모든 게 잘되리라 믿게 해 준다. 이 긍정적인 한 문장은 글을 쓰는 과정이 얼마나 힘든지에 초점을 맞추면서, 내가 용기를 낼 수 있게 도와주고 글을 쓰는 정신적 에너지를 아껴 주며 다시 일할 수 있도록 나를 이끈다.

## 좋은 것을 찾아라

반추를 거듭할수록 뇌는 부정적인 생각의 소용돌이에 갇히게 된다. 일단 부정적인 것에 주의를 기울이면 반복되는 것은 너무 쉽다. 나의 현재를 인식하고 긍정적인 해석을 찾으면 이런 반추를 교란시킬 수 있다. 그뿐 아니라 긍정적이고 좋은 것에 초점을 맞추면 반추를 완전히 우회할 수 있다. 꾸준히 초점을 맞추면 방해받을 일이 적어지기 때문이다.

부부 상담사, 연구가, 치료사로 잘 알려진 존 가트맨은 부부의 대화를 단 5분만 지켜봐도 이혼 확률을 정확히 예측한다고 한다. 그는 부부가 서로에 대해 좋아하는 점과 감사하는 것을 의도적으로 알아차리고 칭찬하는 게 중요하다고 강조한다.[11] 얼핏 단순하게 들리지만, 사실 좋은 점이나 긍정적인 것을 찾는 습관은 로맨틱한 관계를 넘어 엄청난 힘을 갖고 있다. 적극적으로 찾지 않는 한 이런 것은 의식적으로 알아내기 힘들기 때문이다. 긍정적인 면을 스스로 인식할 수 있는 힘을 훈련하는 것이 중요하다.

좋은 점을 찾는 또 다른 방법은 감사함을 실천하는 것이다. 규칙적인 감사 연습은 고민에 매우 큰 영향을 준다. 초점을 자신이 아닌 외부로 향하게 만들기 때문이다. 감사는 내가 부족한 것, 또는 다른 사람들이 부족한 것에 집중된 주의를 좋은 쪽으로 이끈다. 더불어 감사한 생각을 하면 기분도 좋아진다.

가트맨 연구소는 고마운 마음을 습관화하기 위해 자신이 감사해 하는 것에 이름을 붙이고 휴대폰에 알람 기능을 만들어 보라고 제안한다.[12] 감사한 마음은 습관화하고 유도하지 않는 한 쉽게 찾아오지 않는다. 감사함을 느끼며 더 많은 시간을 보낼수록 반추에 허비하는 시간이 줄어든다.

관점을 바꾸는 것도 가능하다. 나는 운전할 때 종종 이 전략을 써 보곤 한다. 운전 중에는 부정적인 의도가 포함된 결정을 내리기가 너무 쉽기 때문이다. 빨간 불에도 질주하는 차를 보면 나는 큰 소리로 "아, 뒷자리에 진통을 겪는 임산부가 타고 있나 보다"라고 말한다. 함께 탄 아이들이 "엄마, 진심이야?"라고 물으며 나를 놀릴 때도 있다. 그러나 상관없다. 운전자가 정당한 이유로 급하게 내달린다고 스스로에게 말하는 것이 화를 내는 것보다 낫다. 길 위에서 마주치는 바보들에게 불평하는 대신 친절하고 인정 많고 경각심까지 갖춘 운전자가 되는 것이다.

삶에서 일어나는 일을 통제할 수는 없지만 이를 해석하는 방법은 내가 선택할 수 있다. 긍정적인 해석을 하면 좋은 생각을 키워 나갈 수 있다.

## 다른 관점을 고려하라

일단 당신의 뇌가 무언가에 관해 부정적인 해석을 하고 나면 뇌는 곧바로 부정적인 쪽으로 향해 거기서 머물게 된다. 가령, 친구가 나와 이야기를 나누고 싶지 않아 회의 핑계를 대며 자리를 일찍 떴다고 생각하거나, 내 치아에 립스

틱이 묻어 사람들이 나만 쳐다보고 있다고 여기거나, 상사가 내 업무 수행이 마음에 들지 않아 전화를 했다는 생각 등은 객관적일 수가 없다. 객관성을 잃으면 부정적인 생각에 머물 수밖에 없다.

뇌의 회로가 막히면 의식적으로 다른 관점을 생각해 보자. 훈련을 통해 당신의 머릿속에서 벗어나 약간의 거리를 두면 상황을 보다 객관적으로 볼 수 있고 처음 생각은 사그라진다. 중립적인 해석이 부정적인 해석보다 훨씬 낫다.[13]

그렇다고 상황 해석이 기발할 필요는 없다. 단순히 다른 관점을 고려하는 것으로도 힘이 생긴다. 생각이 부정적인 궤도에서 벗어나기만 하면 되기 때문이다. 친구는 치과 예약이 있어서 일찍 자리를 떴을 수도 있고, 사람들은 당신이 아직 휴가 중인 줄 알고 놀라 쳐다봤을 수도 있다. 책상에 중요한 파일을 두고 나와 상사가 전화를 했을 수도 있지 않은가.

나는 긍정적인 생각이나 중립적인 해석이 필요할 때는 생각을 정상적인 궤도로 돌리는 데 도움이 되는 다음 두 가지 질문을 떠올린다.

- 친한 친구가 지금 이 상황에 처해 있다고 고민을 털어놓았다 치면, 나는 뭐라고 대답할까?[14] 당신이 다른 사람들에게 충고를 해야 한다고 생각하면 상황을 훨씬 더 객관적으로 볼 수 있는 힘이 생긴다.
- 만약 내가 처한 이 상황이 마음에 들었다면 왜 그렇게 생각했을까? 아니면, 이 상황이 괜찮아지려면, 혹은 이 상황을 더 좋게 만들려면 어떻게 해야 하나?[15] 예를 들어, '내 생각에 이번 회의가 성공적이었다면 그렇게 된 이유는 무엇이었을까?'라거나 혹은 '누군가와 대화를 원활하게 나누었다면 그 이유는 무엇이었을까?'라고 생각하는 것이다.

이런 질문들은 나의 경험으로부터 거리를 두게 만들고 또 다른 해석을 찾는 독창적인 연습을 할 수 있게 해 준다.

## 일단은 무시하라

나는 요가 강사인 친구에게서 이 방법을 배웠다. 도움이 되지 않는 생각이 떠오른다고 생각을 키울 필요는 없다. 나의 마음이 위험한 방향으로 표류하는 것을 깨닫는 순간 '좀 있다가'라고 속으로 말한 뒤 치워 버리자. 내 친구는 이 걸 마치 스웨터의 보풀을 털어 버리는 것처럼 시각화해 보라고 제안했다.

나는 글을 쓸 때면 '이건 진짜 쓰레기야!'라거나 '네가 쓰는 게 무슨 뜻인지는 알고 쓰냐?'라는 생각에 잠겨 씨름하곤 했다. 그러나 이런 생각은 하등 도움이 되지 않았다. 대신 나는 내 주의를 원래 있던 기분 나쁜 지점에서 다른 곳으로 돌렸다. 이런 생각이 내 머릿속에 떠다니는 것을 알아차리는 순간 '지금 말고 조금 있다가 생각하자'라고 나 자신에게 속삭이며 무시했다. 그러고는 나에게 중요한 일, 즉 글 쓰는 것에 다시 집중했다. 만약 이런 방법을 택하지 않고 기분 나쁜 생각을 무럭무럭 키운다면 나는 전혀 다른 경험을 하게 된다. 그건 결코 좋은 경험이 아니다.

내 친구 베스도 비슷한 조언을 해 주었다.[16] 내가 하는 일은 여유롭고 창의적인 기획 및 준비를 하는 시기와 바쁜 실행 시기가 번갈아 온다. 실행 시기가 오면 나는 큰 그림을 깊이 생각하는 대신 계획을 실천하는 데 초점을 맞춘다. 하지만 그렇더라도 일의 전반적인 상태나 진행 중인 프로젝트의 미세한 사항 등을 체크하고 처리하는 문제를 모른 척할 수는 없다. 베스는 그런 나에게 계획하고 준비할 때 큰 결정을 내리라고 조언해 주었다.

나는 계획을 실행하느라 바쁠 때, 즉 글을 쓰느라 정신이 없을 때 결정을 해야 할 일이 생기면 베스의 가르침을 따랐다. 스스로에게 '지금은 결정 모드가 아니라 실행 모드'라고 말하면서 '이 아이디어는 나중에 생각하자'라고 마음먹고 일단 주어진 일에 집중했다. 나중에 다시 생각해 봐야겠다고 마음먹는 것이 그 순간의 일을 진전시키는 데 큰 도움이 된다.

## 도움이 되지 않는 생각은 흘러가게 내버려 둬라

앤 라모트는 《거의 모든 것(Almost Everything)》에서 자신의 방해적 사고 반복과 이를 극복하는 데 도움이 된 것에 대해 말한다.[17]

저자는 북아프리카 절벽에 올라 콥트교 목사에게 다음과 같이 고백한 적이 있다.

"어렸을 때부터 이렇게 높은 곳에 올라오면 뛰어내리고 싶다는 생각이 든다고 정신과 의사에게 상담한 적이 있어요."

그러자 목사가 다음과 같이 답한다.

"안 그런 사람이 있나요?"

라모트는 목사의 반응이 옳았다고 말한다. 목사의 대답

을 듣자 기분이 나아졌고, 그의 말이 사실이었으니 말이다. 그녀는 자신이 우울하거나 자살을 하려는 것은 아니었지만 이런 생각이 반갑지 않았다. 목사의 답변으로 이런 걱정을 무시할 수 있게 되었다.

우리 중 대다수는 때로 이와 같은 방해되는 생각, 의식적으로 만들어 내지 않은 생각, 진짜 생각과 감정이 들어 있지 않은 생각을 가지고 있다. 정말 좋은 책 중 하나인 《내가 원하지 않는 생각 극복하기(Overcoming Unwanted Intrusive Thoughts)》의 저자 샐리 M. 윈스턴 박사와 마틴 N. 세이프 박사는 원치 않고 거슬리는 생각을 '마음에 뛰어들어 지금 진행 중인 흐름의 일부가 아닌 불청객 같은 생각'이라고 표현한다.[18] 즉 높은 곳에서 뛰어내리고 싶어 한 라모트처럼 당신도 지속적으로 떠오르는 어떤 생각이 어쩌면 자신의 삶에 반영되는 것은 아닐까 걱정할지 모른다. 그러나 머릿속에 스치는 모든 생각이 당신의 기본적인 성격을 말해 주는 것은 아니므로 안심하자.

모든 생각을 동등한 무게로 저울질하는 것은 옳지 않다. 어떤 생각은 심각하게 받아들일 가치가 없으므로 굳이 반응할 필요도 없다. 반응하는 순간 생각에 힘을 실어 줄 뿐이다. 원하지 않는 불필요한 사고를 떨치려는 노력 자체가 그 사고를 강화시키는 것이다. 따라서 원하지 않는 생각을 빠르게 알아차리고 흘러가도록 내버려 두는 연습을 해야 한다.

## '걱정하는 시간' 정해 두기

뇌는 믿을 수 있는 체계를 갖고 싶어 하므로 필요한 것을 제공하는 게 좋다. 컨트리 가수 조니 캐시는 자신의 할 일 목록에 정말 사소한 것까지 모두 기록한 것으로 유명하다('소변보기', '어머니한테 전화하기'까지 적어 놓았다고 한다).[19] 바보 같은 소리로 들릴지 몰라도, 반(反)직관적 전략은 실제로 효과가 있다. 만약 '걱정하는 시간' 혹은 '오래 고민하는 시간' 등을 스케줄로 만들어 놓는다면 당신의 뇌는 고민으로 당신을 괴롭히지 않을 것이다.

심리 치료사 에이미 모린은 《나는 상처받지 않기로 했다》에서 자신의 치료 내담자 중 많은 사람이 이 전략으로 효과를 보았다고 말한다.

"걱정스러운 생각이 들 때마다 그 생각에 영향을 받기보다는 하루 중 특정 시간을 정해 놓고서 걱정을 하면 나머지 시간은 걱정을 하지 않아도 된다."[20]

예를 들어 하루에 15분 동안 집중적으로 고민하는 시간을 계획해 두면 나머지 23시간 45분은 편안하게 보낼 수 있다는 것이다. 제한된 시간에만 고민을 즐기고, 나머지 시간을 방해받지 않도록 생각의 타이머를 맞춰 보도록 하자. 그러면 잡초가 당신의 정원 전체를 덮지 않을 것이다.

## 글로 적어 볼 것

휘몰아치는 생각을 글로 담아내면 오히려 나쁘지 않아 보일 때도 있다.

이 전략은 우리가 다루기 힘든 생각을 좀 더 쉬운 방식으로 다룰 수 있게 해 주며 객관성도 회복시켜 준다. 꽤 예전부터 유명하던 전략이지만 여전히 유용하다. 일단 적어 보면 많은 일이 그렇게 위압적이지 않다. 글을 쓰는 행위 자체가 우리에게 실제로 일어나고 있는 일과 그에 대한 해결책을 명확하게 알려 주기 때문이다.

글로 정리해 보는 것이 도움이 되지만 조심할 필요도 있다. 에이미 모린은 일기를 쓰는 것이 '보편적인 함정'이 될 수도 있다고 경고한다.

"지나친 고민에 사로잡힌 사람들에게 일기 쓰기는 역효

과를 가져올 수 있다. 나쁜 일, 걱정되는 일, 불편한 감정 등을 쏟아 내다 보면 부정적인 생각이 강화될 수 있기 때문이다."[21]

만약 당신이 이런 사람이라면 일기는 당신을 둘러싼 감정보다는 있는 그대로 사실만 적는 것이 좋다.

부정적인 생각을 적은 후 종이를 찢어서 버리는 것도 좋은 방법이 될 수 있다.[22] 예전에 한 선생님이 우리에게 이런 방법을 시도한 적이 있다. 부정적인 생각을 종이에 적고, 종이를 뭉쳐 공 모양으로 만든 다음, 쓰레기통에 버리라고 했다. 당시 나는 이 방법에 다소 회의적이었지만, 나의 뇌는 그런 행동이 문제를 해결했다는 의미로 받아들였다. 과학이 선생님의 손을 들어 준 셈이다.

## 주의를 딴 데로 돌려라

정말 간절히 원하는 것을 잘 참고 견뎠다고 생각해 보자. 연구에 따르면 보편적으로 어떤 음식에 대한 갈망은 3~5분밖에 지속되지 않는다고 한다. 그 짧은 시간의 갈망을 피하면, 불과 몇 분만 지나도 음식이 별로 먹고 싶어지지 않는다. 지나친 고민도 마찬가지다. 놀렌 혹스마 박사는

"긍정적인 사고를 딱 8분만 해도 기분이 나아지고 반복적인 생각의 주기를 깨는 데 효과가 있다"라고 말했다.[23]

정신은 한꺼번에 많은 일을 할 수 있다. 따라서 부정적인 생각이 손짓을 하면 정신을 집중할 만한 다른 것을 찾아보자. 주의를 딴 데로 돌리는 것이다. 책을 읽거나, 친구에게 전화를 하거나, 청구서를 보거나, 아니면 딱 8분만 테트리스를 해 보자.

## 마음을 움직이기 위해 몸을 써라

가장 효과적인 방해 공작 중 하나는 몸을 움직이는 것이다. 마음속에서 일어나는 생각을 바꾸기 위해서는 풍경을 변화시켜야 한다. 그래야 관점도 바뀐다.

놀렌 혹스마 박사는 장시간 운동을 하면 다른 것에 집중할 수 있고, 에너지 수치를 높이며, 스트레스를 줄이고, 뇌에 피를 공급해 기분이 좋아진다는 점을 밝혀냈다. 최대한의 효과를 위해, 당신이 하는 일과 관련된 운동을 선택해 보자. 예를 들어, 장거리 달리기 선수는 자신에게 익숙한 도로를 따라 이동하면 고민에 잠길 수 있지만, 트래킹을 하면 정신적으로 필요한 것이 더 많아져 자연스럽게 고민에 잠기는 시간도 줄어든다.

20분간의 운동이 가장 효과적일 수 있다. 하지만 그렇게 작은 해결책을 탐구하는 시간까지 방해하지는 말자. 뇌가 막혔을 때는 몸을 움직이자. 강아지를 산책시키거나 쓰레기를 치워도 좋고, 팔 벌려 뛰기나 버피 테스트 같은 간단한 체조를 해도 괜찮다. 혹은 주방을 청소하거나 마당의 나뭇잎을 쓸거나 계단을 오르거나, 좋아하는 노래에 맞춰 춤을 추자. 도망치고 싶다면 움직여야 한다.

## 생각을 활용하라

마음이 품고 있는 것을 완벽히 통제할 수는 없지만, 생각을 선택할 자유는 있다. 새로운 정신적 습관과 신경 경로를 만들어 내면 통제력은 훨씬 더 강해질 것이다. 생각을 활용하는 것은 결코 쉽지 않고 결과를 내는 데도 시간이 오래 걸린다. 하지만 가능하다. 그럴 만한 가치도 있다.

부정적인 생각이 떠오를 때를 대비해 계획을 세우자. 자신이 주의를 기울이는 생각을 떠올리는 것부터 시작하자. 이번 주에 나는 어떤 일에 주의를 기울였는가? 어떤 주제를 놓고 반추했는가? 그것에 대해 어떤 전략을 써야 해결책을 마련할 수 있을까?

부정적인 생각에 관용을 베풀 필요는 없다. 이 장에서 다룬 전략 중 자신에게 잘 맞는 것을 몇 가지 선택해서 고민이 밀려올 때면 새로운 실험을 시도해 어떤 결과를 가져오는지 살펴보자.

• 자기 생각에 주의를 기울이면 무엇을 알아차릴 수 있는가? 당신은 습관적으로 어디에 초점을 맞추는가? 어떤 점들이 당신을 반추하게 하나?

• 감사함을 규칙적으로 생각하는 것만으로도 고민에 효과가 있다. 감사한 것 세 가지를 떠올려 보자.

• 지금 당신을 괴롭히는 상황이 있는가? 만약 당신의 가장 친한 친구가 그 상황에 빠졌다고 한다면, 어떤 조언을 주겠는가?

- 이번 장에 나는 '힘들게 쓴 글이 쉽게 읽힌다'와 '지금은 결정 모드가 아니라 실행 모드'라는 두 가지 주문을 적었다. 당신은 이런 주문이 있는가? 접목할 만한 주문이 있다면 어떤 것일까?

- 부정적인 생각이 떠오를 때를 대비한 계획이 있는가? 어떤 전략을 시도할지 생각해 본 적이 있는가? 아래에 나열해 보자.

습관은 시간이 지남에 따라 육체적 얼굴을 변화시키면서

차츰 삶의 얼굴까지 변화시킨다.

그럼에도 우리가 깨닫지 못할 뿐이다.

— 버지니아 울프

## 제3장
# 자유를 위해 자신을 통제할 것

어느 음울한 겨울, 친구 로리가 아침 6시에 시작하는 바르 무용 수업을 함께 듣자며 나를 꼬였다. 얼어붙은 아침, 날이 밝기도 전에 몸을 일으켜야 함에도 불구하고 나는 순식간에 그 일상에 빠져들었다. 내가 그토록 무용 수업을 즐기다니, 나조차도 놀랐다.

수업이 끝나면 출근을 해야 하는 사람들은 샤워를 하고 옷을 갈아입은 뒤 문을 박차고 뛰어나갔다. 반면에 나는 시간 여유가 좀 있어서 굳이 단장을 서두를 필요가 없었다. 옷도 트레이닝 바지를 입든 잠옷을 입든 상관없었다. 그 후로 나는 머뭇거리지는 않았지만 서두르지도 않았다.

수업에서 내가 가장 좋아한 부분은 마지막 휴식 세션인

스트레칭과 호흡 가다듬기 과정이었다. 스트레칭을 하면 유연성이 길러지고 일에 집중하는 데 도움이 되었다. 그런데 휴식 시간이 되면 나를 긴장시키는 게 딱 한 가지 있었다. 수업을 5분 정도 남겨 두면 강사가 일찍 나가야 하는 사람은 눈치 보지 말고 나가라고 했다. 아침 일찍 수업에 참가해 어려운 부분을 모두 마쳤으니 이제 슬그머니 밖으로 나가 하루를 보내도 괜찮다고 허락해 준 셈이었다.

강사는 좋은 뜻으로 하는 말이었겠지만, 자신에게 효과적인 행동을 취하라는 그녀의 친절한 격려가 나의 정신을 어지럽게 했다.

'나는 나가야 할까, 아니면 조금 더 머물러야 할까?'

우리가 호흡을 가다듬고 스트레칭을 하는 사이 강사는 선택의 여지가 없는 선택 사항을 소개한 셈이다.

'그만 생각하자. 나는 나에게 필요한 시간을 즐기고 있는 거야.'

나는 스스로에게 말했다. 그러나 그럼에도 불구하고 강사의 배려는 유혹적이었다. 나는 언제나 몇 분이라도 더 열심히 살려고 안달하는데, 그런 나에게 불을 지른 셈이었다. '서둘러 나가 그다음 할 일을 하는 게 어떨까?'라고 말이다. 나는 바닥에 등을 대고 누워 스트레칭을 하고 있었지만, 호흡 대신 문소리에 집중하고, 일찍 나가도 괜찮다는 말에 먼저 나가 버린 사람들을 질투하며, 그들 중 한 사람이 내가 되어야 하는 것은 아닐까 고민했다.

그리고 어느 날, 모든 것이 달라졌다. 강사의 제안을 받아들일 필요도 없고, 고려할 필요도 없다는 사실을 깨달은 것이다.

'너무 깊이 생각하지 말자. 여기 있기로 결정했잖아. 그러니까 여기 있으면 돼.'

나는 나 자신에게 말했다. 그리고 결정을 내려야 한다는 압박감은 사라졌다.

## 선택 사항을 제한하는 것이 중요한 이유

운동 시간을 몇 분 단축할지 말지를 결정하는 것은 사소한 일이지만, 이런 사소한 결정이 더해지면 큰일이 된다. 우리가 하루 종일 내리는 결정, 예컨대 아침 식사로 무엇을 먹을지, 어떤 경로로 출근을 할지, 까다로운 대화를 어떻게 받아쳐야 할지, 세일이 끝나기 전 새 청바지를 사야 할지, 금요일 오후 연습이 끝나면 아이가 어떻게 집으로 돌아올지 등은 우리의 한정된 정신적 에너지에 큰 타격을 입힌다. 작은 결정 하나하나는 아주 작은 힘을 필요로 하지만, 그 누적 효과는 어마어마하기 때문이다.

더 많은 선택에 직면할수록 우리는 의사 결정 과정에서 맞닥뜨린 피로에 굴복할 가능성이 크다. 즉 결정을 내리고 난 후 그 과정에서 이미 지쳐 선택할 수 있는 능력이 무너지는 것이다. 촉각을 곤두세우지 않으면 의사 결정에서 비롯된 피로가 몰려오는 것을 알아차리지 못할 수도 있다. 우리는 육체적인 피로는 쉽게 느낀다. 힘든 운동을 하거나 수면 부족일 때는 몸이 힘들기 때문에 금세 안다. 그러나 결정 과정에서 비롯된 피로는 교활하다. 특정한 방식으로 특정한 피곤함을 느끼는 대신 압도당하는 기분을 느낀다.

의사 결정에서 오는 피로를 피하기 위해서는 정신적 에너지를 일정 부분 비축해 두거나 적절한 만큼만 사용하는 것이 필요하다. 대가를 치르지 않고서는 결정을 내릴 수 없는 법이다. 단시간에 많은 결정을 내리면 그 결정의 질은 나빠지게 마련이다. 결정을 다루는 우리의 정신력이 약해지면 또 많은 생각에 빠지게 된다. 반대로 결정 횟수를 줄이면 의사 결정 능력을 더 오래 유지할 수 있다.

의사 결정에 관해 너무 많이 생각하면 당연히 에너지 소비가 많아지고 그로 인해 결정 피로를 더 빠르게 경험하게 된다. 그리고 일단 우리가 무언가에 압도당했다고 느끼면 생각을 통제하기가 더욱 어렵다. 결국 앞서 말했듯이 또다시 악순환이 시작되는 것이다.

정신적인 잡초를 피하려면 결정을 간소화하고 규칙적으로 소비하는 정신적 에너지를 의식적으로 줄여야 한다. 유명 안무가인 트와일라 타프는 자신의 삶이 '반복'의 연속이었다고 말한다.[1] 정해진 일상을 '자동적이지만 결정적인 행동 패턴'이라고 칭했다. 정해진 일상을 반복하는 것이 생각을 줄이고 중요한 일을 더 쉽게 처리하는 장점이 있다는 의미다.

대부분의 사람이 정해진 일상을 지루하다고 느껴 저항한다. 나 역시 반복되는 일상보다는 풍부한 선택 사항과 열린 스케줄을 선호한다. 그러나 지루한 것이 나쁜 것은 아니다. 정해진 일상은 우리를 제한하기 위한 것이 아니라 정신적으로 어수선한 것들을 제거하기 위한 것이기 때문에 우리에게는 예측 가능성이 필요하다. 메이슨 커리는 예술가 243명의 작업 습관에 관한 저서 《리추얼》에 "철저한 일상은 정신적 에너지를 잘 닦아 감정의 횡포를 막아 준다"라고 적었다.[2] 정해진 일상은 우리를 위해 봉사하는 것일 뿐 우리의 손을 묶는 것이 아니다. 현명하게 스케줄을 관리하면서 선택 사항을 줄이는 전략은 우리가 박물관에 소장될 만큼 가치 있는 예술품을 만들든 사소한 일상생활을 관리하든 상관없이 여유와 자유를 준다.

## 의사 결정 간소화 전략

선택을 제한하고 반복적인 의사 결정을 간소화하기 위한 몇 가지 전략을 살펴보자. 어떤 것들은 간단하고, 어떤 것들은 다소 놀라울 수도 있다. 모두 반추가 슬그머니 스며드는 것을 방해하는 습관이라는 공통점을 지니고 있다.

이런 전략을 수갑이 아니라 기본 설정이라고 생각해 보자. 다른 선택을 해야 한다는 절박감 대신 당신이 만드는 '지루한' 일상이 피로를 회복하는 큰 틀이 될 수도 있다. 이미 결정한 것이라서 매번 같은 선택 사항 사이에서 고민할 필요가 없기 때문이다.

### 매일 같은 음식 먹기

우리가 음식과 관련해 얼마나 많은 결정을 내리는지 따져 보면 놀라게 된다. 음식과 식사 시간은 우리의 삶에서 매우 중요한 역할을 하기 때문에 음식에 대한 결정만 능률적으로 바꾸어도 에너지를 크게 절약할 수 있다.

매일 똑같은 음식을 먹어도 괜찮다는 사실을 깨달은 것은 10여 년 전이다. 그때 나는 잠시 꽤 열정적으로 크로스핏 운동에 빠져 있었다. 그리고 당시 체육관의 많은 훌륭한 선수가 매일 똑같은 음식을 먹는다는 사실을 알게 되었다. 정말로 똑같은 식단이었다. 한 선수는 칠면조, 콩, 아몬드 30그램을 하루에 예닐곱 번씩 먹었다. 어떤 선수들은 다양한 메뉴의 저녁 식사를 하거나 일주일에 하루 날을 잡아 마음껏 먹기도 했다. 하지만 나에게는 그들의 식단이 정말 지루해 보였다. 그럼에도 불구하고 그들이 보여 주는 일관성은 정신적 에너지 절약에 정말 효과적이었으며, 많은 사람이 이 방법을 극찬했다.

조금 신경 써서 살펴보니 이 방법을 쓰는 사람이 1~2명이 아니었다. 다양한 분야의 많은 선수가 정신적 에너지를 확보하기 위해 매일 규칙적으로 같은 음식을 먹었다. 나는 운동에 큰 뜻이 있는 것도 아니고 체육관에 신기록을 남기고자 한 것도 아니었지만, 점심 메뉴보다 훨씬 더 멋진 것들을 위해 정신적 에너지를 남겨 둔다는 아이디어가 마음에 들었다.

그리고 10년이 지난 지금, 놀랍게도 내가 그런 사람이 되어 있다. 내 아침과 점심 식사는 90퍼센트 이상이 늘 똑같은 식단이다. 아침에는 달걀과 아보카도를 먹는다. 점심은 추운 날에는 매운 카레를, 따뜻한 날에는 샐러드를 넉넉히 먹는다. 정확히 똑같은 것은 아니지만 대체로 비슷하다. 만들기 쉽고, 장보기 쉽고, 다양하게 변주를 주기도 쉬운 식단이다.

매일 똑같은 것만 먹어야 한다는 생각에 속이 좋지 않다면, 긴장을 풀어도 좋다. 같은 원리를 조금 덜 극적인 방법으로 실천할 수 있다. 몇 년 동안 나는 대형 슈퍼마켓인 크로거의 세일 전단지를 놓고 가족들과 식단 회의를 열곤 했다. 우리의 선택은 조금 타협이 가능했다. 닭가슴살과 연어가 세일 중이라면 그 주에는 닭가슴살과 연어를 사 먹었다. 나중에는 식단 매트릭스를 만들어 선택 사항을 더욱 줄여 나갔다. 완전히 고정해 놓은 식단은 아니지만 월요일에는 고기를 먹지 않고, 화요일에는 타코를 먹고, 금요일에는 피자를 먹는 식으로 선택의 폭을 좁히는 방식이었다.

똑같은 음식을 먹든 식단을 꾸리는 출발점을 선택하든 어쨌거나 이런 방식으로 정신적 에너지를 굉장히 많이 절약할 수 있다.

## '자신만의 대표 메뉴' 만들기

스물두 살 무렵 모든 사람은 '자신만의 대표 메뉴'를 가져야 한다는 글을 읽은 적이 있다. 친구를 초대할 때 언제든 대접할 수 있는 요리 말이다. 자신만의 대표 메뉴가 있으면 무엇을 대접할지 결정하는 데 정신적 에너지를 쓸 필요가 없어 손님에게 더 집중할 수 있다.

여러 해 동안 다양한 친구들이 이 개념을 어떻게 실행에 옮기는지 관찰하는 재미가 쏠쏠했다. 한번은 내 친구 리사가 18명을 저녁 식사에 초대한 적이 있다. 그녀는 호화로운 저녁 식사를 준비했는데도 식사 시간이 되자 손님들과 함께하며 즐겼다. 리사는 과연 타고난 접대 전문가였다. 그녀는 어떻게 그렇게 많은 사람을 위한 파티를 열 수 있었을까?

리사는 호화로운 저녁 식사 자리를 만들 때면 항상 같은 음식을 준비한다고 했다. 그래야 음식에 대한 스트레스를 받지 않고 걱정할 필요가 없기 때문이다. 그녀의 대표 메뉴는 소고기 안심 스테이크와 집에서 직접 만든 고추냉이 소스, 시저 샐러드와 드레싱이었다. 참고로 드레싱은 마트에서 사 온 제품이었는데, 나중에 나도 따라 하려고 사진을 찍어 뒀다. 또 두 번 구운 부르생 치즈를 올린 감자와 동네 베이커리에서 사 온 디저트였다. 손님들은 음식이 맛있다며 좋아했다. 리사는 그 메뉴를 여러 번 대접했기 때문에 더 고민할 필요도 없었다.

화려한 디너파티가 아닌 격식을 차리지 않는 모임에도 같은 원칙을 적용할 수 있다. 우리 집에서 사람들이 편히 모이는 중요한 이유 중 하나는 우리가 무엇을 대접할지를 알고 그 방법이 쉽다는 것도 알고 있기 때문이다. 내 대표 메뉴는 치킨 파머잔인데 나이가 들면서 요리는 조금 더 간단해졌다. 요즘에는 많은 사람을 초대할 때는 타코를 대접하고, 소규모로 모일 때는 길거리에서 파는 치킨을 사다가 대접한다. 아늑한 겨울밤이면 네덜란드식 오븐으로 요리한 따뜻한 고기찜을 대접한다. 느긋하게 먹을 수 있는 메뉴로는 나초 칩 정도, 아니면 초밥을 내놓는다. 디저트로는 내가 만든 투박한 초콜릿 케이크가 있다. 요리법은 이미 너무 익숙하다. 조금 더 달콤하고 편안한 분위기가 필요할 때는 인터넷 블로그 〈맨발의 백작부인〉의 레시피를 따라 브라우니를 굽는다. 누구나 좋아한다.

사람들을 집으로 초대하는 것은 관계를 굳건하게 하거나 더욱 친하게 해 주는 믿을 수 있는 방법이지만 실용적인 측면에서 보자면 약간 주저해지는 일이기도 하다. 그러나 자신만의 대표 메뉴를 정해 두면 고민이 하나 줄어들어 손님 초대가 훨씬 수월해진다.

## '나만의 유니폼' 갖추기

고등학교 때는 매일 같은 치마와 셔츠, 카디건을 입고 등교하는 주변의 가톨릭 학교 친구들이 부러웠다. 그 친구들은 매일 아침 침대에서 벗어나는 순간 무엇을 입어야 할지를 정확히 알고 있지 않은가. 그건 나에게 매일 아침 옷을 고르느라 소비하는 15분 동안 잠을 더 잘 수 있다는 뜻이기도 했다. 또한 매일 똑같은 옷을 입는 친구들에게는 의사 결정 과정이 생략된다는 의미였다.

나이가 들면서 일을 훨씬 간단하게 만들고자 노골적으로 매일 똑같은 옷을 입는 사람들이 매력적으로 느껴졌다. 심지어 오바마 전 대통령조차도 의사 결정 피로 연구에 자극을 받아 재임 중에는 매번 회색이나 파란색 정장만 입고 나타났다. 그는 패션 잡지 《베너티 페어(Vanity Fair)》 마이클 루이스와의 인터뷰를 통해 다음과 같이 말하기도 했다.

"최대한 결정을 줄이고 싶다. 먹고 입는 것에 대해서는 결정을 내리고 싶지 않다. 결정해야 할 일이 너무 많다."[3]

　교복을 입는 것은 여학생들이나 패션 혐오자들에게만 국한된 일이 아니다. 패션 업계에서 일하는 사람들을 포함해 세련된 사람들도 유니폼을 입는다. 이 사실을 알게 된 나는 처음에는 다소 놀랐다. 유행을 선도하는 사람들이라면 매일 다른 옷을 입는 게 좋지 않을까? 하지만 그들의 논리에도 일리가 있다. 유행을 따라가려고 노력하다 보면 제정신으로는 버티기 힘들 수도 있고, 그만큼 정신적 에너지도 많이 써야 한다. 1977년으로 거슬러 올라가 패션 잡지《보그(Vogue)》와《하퍼(Harper)》편집장을 지낸 캐리 도너번은 "진짜로 깔끔한 여성들이 자신의 매력과 효율성을 한데 모아 표현한 일종의 '유니폼'을 고안했다"라는 글을《뉴욕 타임스》에 기고했다.[4] 수십 년 동안 그녀는 사람들에게 자신을 위한 유니폼을 개발하라고 촉구하기도 했다.[5] 도너번의 유니폼은 검은색 옷에 커다란 안경과 대담한 액세서리다. 25년간《보그》의 크리에이티브 디렉터를 지낸 그레이스 코딩턴 역시 다음과 같이 말한 바 있다.

　"아침에는 뭘 입어야 할지 고민하고 싶지도 않다. 그저 잡지를 위해 촬영할 옷만 생각하고 싶다. 그래서 유니폼 같은 게 필요하다. 나만의 유니폼이 있다면 무엇을 입을지 결정할 필요가 없다. 결정하는 데 평생 내 삶을 쓰고 있지 않은가."[6]

단 한 벌의 일상복에 과감하게 뛰어드는 사람들을 존경하면서도 내가 그렇게 될 줄은 꿈에도 생각하지 못했다. 우선 내 취향에 맞지 않게 너무 극단적이었다. 그러던 어느 여름날, 나는 내가 유니폼에 빠져 있음을 알아차렸다. 나는 무의식적으로 내가 편하게 여기는 옷을 찾아 입었다. 매일 약간 다른 디자인의 줄무늬 셔츠와 무채색의 바지, 은색 샌들을 신었다. 그러자 너무 편했다. 매일 아침 무엇을 입을지 정확히 알고 침대를 벗어났기 때문이다. 일단 옷장에 걸려 있는 아무 셔츠나 꿰어 입고, 깨끗한 바지만 입으면 그만이었다.

비록 당신이 매일매일 줄무늬 셔츠만 입고 싶지 않더라도 자신만의 옷 패턴을 정해 놓는 것은 자신만의 대표 메뉴를 정해 놓는 것과 같은 기능을 한다. 나만의 다양한 의상은 내가 반복해서 입는 옷의 변주일 뿐이다. 나는 짙은 상의에 청바지를 입고 펜던트 목걸이를 하는데, 나만의 '표준'이다. 최근에 유행하는 '캡슐 옷장'이나 제니퍼 L. 스코트가 그녀의 책 《시크한 파리지엔 따라잡기》에서 "열 가지 아이템만으로 옷장을 꾸리고 당신을 자유롭게 하라"[7]는 조

177

언 등은 모두 조금 덜 극단적인 반복이 될 수 있다. 이렇게 두뇌 공간에 다른 것들을 채워 넣을 수 있도록 선택 사항을 제한해 보자.

## '나만의 스타일' 정하기

자신만의 대표 요리와 마찬가지로 한 가시 화려한 복장이 다양한 역할을 수행할 수도 있다.

월과 결혼을 앞두었을 무렵 나는 앤 테일러 상점의 가판대에서 결혼식 전 리허설 저녁 식사를 위한 검은 미니 드레스를 구입했다. 실크 소재, 얇은 어깨끈, 에이라인, 무릎 바로 아래까지 오는 기장의 드레스였다. 이 옷은 믿을 수 없을 만큼 다양하게 입을 수 있다. 예전에는 똑같은 옷을 다시 입어도 괜찮을까 걱정스러웠지만, 10여 년 전부터는 똑같은 옷을 입어도 괜찮다는 생각이 들었다. 우리는 최근 결혼 19주년을 기념했고, 이 드레스는 지금까지 최소 백 번의 결혼식과 칵테일파티에 등장했다.

이 옷은 여전히 유행을 타지 않고 입을 때마다 멋있다. 그리고 옷이 닳아 없어질 때까지 나는 언제든 이 옷을 입을 작정이다.

## 정보의 경로를 하나로 제한하라

모든 결정을 자동적으로 내릴 수 있는 것은 아니다. 잦은 결정이 아닌 경우에는 특히 그렇다. 예를 들어, 최근 몇 달 동안 나는 팬트리에서 쓸 새 수납 박스를 고르고, 우리 집 강아지 데이지에게 줄 새 개집을 찾고, 지역 행사를 위한 연사도 섭외해야 했다. 이런 결정은 내리기도 익숙하지 않고, 좀처럼 드문 일이며, 엄청난 양의 정신적 에너지를 소모해야 한다. 규칙적이지 않은 일이기에 나 역시 초보자다. 그리고 나는 무엇보다 새롭게 배우는 것을 좋아하는 사람이라서 새로운 상황에서 불필요하게도 내 선택권을 남용할 수도 있었다.

한 번도 해 본 적 없고 두 번 다시 하지 못할 수도 있는 결정을 내리는 순간이 왔을 때, 나는 사전에 나의 선택권을 제한하기로 마음먹었다. 내가 선호하는 방법은 오직 한 가지 출처에만 집중하는 것이다. 몇 년 전 새 침구를 사면서 이 방법을 배운 뒤 나만의 규칙을 세웠다. 쇼핑을 좋아하지 않는 나는 결정을 너무 오래 미루었고, 결국은 시간이 얼마 남지 않은 상황에 맞닥뜨렸다. 온라인으로 검색해 보니 결과물이 나를 압사시킬 정도였다. 나에게는 무한한 선택이 아니라 넉넉한 선택 사항만 필요했을 뿐인데!

결국 나는 인테리어 디자이너인 친구에게 고민을 털어놓으면서 내가 찾고 있는 물건을 살 수 있는 가게 하나만 알려 달라고 부탁했다. 친구는 의무적으로 포터리반(미국에 본사를 둔 대형 인테리어 용품점—역주)을 알려 주며 나의 무한한 선택 사항을 합리적인 범위로 좁혀 주었다. 그녀는 내 침실에 잘 어울릴 것 같은 침구 몇 가지를 강조하며 나를 이끌어 주었다. 선택을 줄이자 내 결정은 5분 만에 이루어졌다. 몇 시간이 아니었다.

지금은 셀 수 없이 많은 선택 사항에 압박을 느낄 때마다 선택 사항을 재빨리 줄일 방법을 찾는다. 지금 읽고 있는 책이 끝나면 다음 책을 어떻게 골라야 할지 모르겠는가? 책장에 있는 책이나 서점에서 곧바로 살 만한 책으로 선택 사항을 줄여 보자. 생일 선물을 사야 할 때는? 상점 한 군데만 들르거나 인터넷 카테고리를 '일기장' 같은 하나의 품목으로 줄여 보자. 올해 허브 정원에 어떤 식물을 심어야 할지 고민인가? 내 대답을 이미 짐작했겠지만, 차를 몰고 시내를 돌아다니며 식물을 찾아보는 대신 지역 내 화원 한 군데만 들러 그곳에서 사다 심자.

## 딱 한 번의 결정으로 사고의 낭비를 줄여라

만약 당신의 일정을 어떤 것에 맞춰야 할지, 혹은 시간을 언제로 맞춰야 할지 끊임없이 고민하고 있다면, 시간을 정해서 선택 사항을 제한해 보자. 정해진 시간에 전념하는 게 누군가에게는 힘든 일이 될 수도 있지만, 일단 시간이 정해지면 더 이상 생각할 필요가 없다. 아침 8시에 격일로 운동을 하겠다고 마음먹으면 언제 운동 스케줄을 짜야할지 고민하지 않아도 된다. 저녁 식사 1시간 전에 강아지를 산책시키기로 마음먹는다면 언제 산책을 나가야 좋을지 머리를 싸매지 않아도 된다. 만약 매주 목요일을 장 보는 날이라고 결정해 버리면 언제 식료품점에 가야 하는지 결정하는 데 정신적 에너지를 낭비하지 않을 것이다.

정해진 시간에 전념하는 것이 효과가 없거나 원하지 않을 경우가 있다. 그럼 보상 규칙을 사용해 당신이 하고 싶은 일을 생각할 필요 없이 확실히 할 수 있게 하자. 이 전략은 기존의 일상에 새로운 행동이나 고민해야 할 행동을 심어 넣는 방법이다. 시간이 지나면서 당신의 일과는 새로운 행동을 수용할 수 있을 만큼 확장된다. 예를 들어, 지금 커피 한 잔을 마시면 물도 한 잔 따라 둔다. 전자레인지에 음식을 데우는 사이 플랭크 운동을 한다. 이를 닦을 때 2분 정도 더 시간을 들여 스트레칭도 함께 한다. 한 번만 결정하면 이런 행동을 영원히 반복할 수 있다.

## 기계 장치 없는 영역을 정하라

기술과의 관계를 현명하게 관리하는 방법을 이야기하지 않고는 선택 사항을 제한하는 것을 논할 수 없다. 조금만 방심해도 손바닥 크기의 편리한 장치가 우리 삶을 대신할 수 있기 때문이다.

기술은 우리의 생활 방식을 근본적으로 바꾸어 놓았다. 기술 발전은 많은 이점을 가져다주었지만 동시에 천문학적 선택 사항을 만들었다. 가령 침구류를 고를 때 우리는 온라인으로 접속해 이전 세대의 그 어떤 선택 사항보다도 많은 옵션을 만난다. 문제는 우리가 기계 장치를 이용해 어떤 종류의 정보를 찾을 것인지가 아니라 그것을 얼마나 사용하는가 하는 점이다. 장치를 휴대하고 다니며 컴퓨터를 켜야 할지, 전화기를 확인하거나 이메일을 새로 고침 해야 할지 등 우리는 깨닫지 못하지만 끊임없이 결정을 내리고 있다. 배리 슈워츠는 자신의 명서《점심메뉴 고르기도 어려운 사람들》에서 다음과 같이 이야기한다.

"이제 당신은 매일 매 순간 어디에 있건 일을 할지 말지 선택할 기회를 갖게 되었다. 기계의 전원을 다 꺼 버린다 해도 생각할 수밖에 없다! 압박은 이제 어디서건 전원을 올린 셈이다."[8]

조심하지 않으면 우리가 원하지 않더라도 기계 장치는 우리의 주의를 끌기 위해 아우성을 칠 것이다. 그리고 기계가 울부짖을 때마다 우리는 '예' 아니면 '아니요'를 결정하기 위해 애써야 한다. 그러니 당장 방해 금지 모드를 설정해 지속적인 결정을 제한해 보자.

지금이 기계를 꺼내야 할 적절한 시기인지 아닌지 끊임없이 고민하는가? 일상생활에서 기계 장치가 없는 영역을 만들어 보는 것은 어떨까? 즉 물리적인 공간이나 기계 장치를 멀리 떨어뜨릴 시간을 만들어 보는 것이다. 작년 여름, 그레이트스모키산맥으로 여름 캠핑을 떠난 적이 있다. 전파가 끊긴 지역이라는 사실을 알고 나는 휴대폰을 자동차의 글러브 박스에 넣어 뒀다. 휴대폰이 선택 사항이 아니라는 사실을 깨닫기까지 얼마나 자주 확인하려고 애썼는지 깨닫지 못한 채 말이다.

기술이 우리에게 결정을 강요하면 기술을 제한할 수도

있다. 굉장히 자주 발송되는 광고 메일을 생각해 보자. 의류 업체들은 당신이 이메일을 열어 보고 자연스럽게 쇼핑까지 하기를 바라며 이메일을 보낸다. 쇼핑을 하고 싶지 않을 때는 단호하게 삭제하거나 나중으로 미뤄야 한다. 사실 그게 더 안 좋은 일이긴 하지만 말이다! 어쨌거나 결정을 완전히 건너뛰고 싶다면 어떻게 해야 할까? 광고 수신을 취소하면 된다.

디지털 기기들은 우리에게 많은 도움을 주면서도 결정의 피로감을 조장한다. 디지털 기기가 다른 방식으로 작동하면서 우리의 머리 꼭대기에 올라서는 일이 생기지 않도록 주의하자.

## 자신에게 맞게 취사선택할 것

많은 사람이 구속받기 싫어서 정해진 일상에 저항하곤 한다. 하지만 정해진 일상을 현명하게 배치하면 자유가 생기기 마련이다. 하루에 내가 내릴 수 있는 수많은 결정을 생각하고 머릿속의 잡동사니를 깨끗이 치워 내자. 이때 '잡동사니'는 언제든 상대적이란 사실을 잊지 말아야 한다. 만약 옷을 좋아하는 사람이라면 매일 아침 옷을 찾아 입는 창의적인 행동을 즐겨야 한다. 만약 근사한 저녁 식사를 만들어 먹는 게 취미라면 그렇게 하면 그만이다.

이번 장의 전략들은 결코 체크리스트로 사용할 수 없는 것들이다. 장점을 취하기 위해 모두 실행할 필요는 없다는 뜻이다. 우리는 하루에도 수많은 결정을 내리고, 중요한 결정을 위해 정신적 에너지를 쓴다. 따라서 에너지를 절약할 수 있는 능률적인 방식을 찾아야 한다.

반복적인 결정을 통제하는 것만으로도 머릿속 여유 공간을 통제할 수 있다. 현명하게 선택하도록 하자.

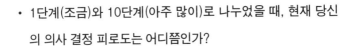

〈다음 단계〉

- 1단계(조금)와 10단계(아주 많이)로 나누었을 때, 현재 당신의 의사 결정 피로도는 어디쯤인가?

- 현재 어떤 반복적인 일상에 의존하고 있는가? 가장 도움이 되는 것은 무엇인가?

- 새로운 반복적인 일상을 만든다면 어떻게 만들어 보고 싶은가?

- 의식적으로 선택을 제한해 이익을 얻을 만한 영역은 무엇이 있을까? 그 이유는 무엇인가?

- 현재의 과학 기술이 당신의 고민을 자극하고 있다고 느끼는 가? 어떤 조치를 통해 기술의 영향력을 제한할 수 있을지 고 민해 보자.

우리는 주는 법을 배워야 한다고 흔히 생각하지만,

사실 준 것보다 받은 것을 기억하기가 훨씬 어려운 법이다.

— 알렉산더 매콜 스미스

## 제4장
# 다른 사람의 도움을 받는 법

문학 팟캐스트 〈다음에는 무엇을 읽어 볼까?(What Should I Read Next?)〉를 시작하는 단계에서 나는 팟캐스트를 진행하려면 내가 가지고 있지 않은 기술력이 필요하다는 사실을 깨달았다. 다시 한번 선택에 직면한 것이다. 호스팅 설정 방법을 배우고, 장비를 설치하고, 오디오 파일을 편집한 다음 파일을 압축하는 법을 내가 직접 배울지, 아니면 기술 작업을 도와줄 다른 누군가를 고용할지 고민에 빠졌다. 만약 누군가에게 그런 도움을 받는다면 나는 책 집필과 블로그에 집중할 수 있을 터였다.

그래서 나는 우리 콘셉트를 확실히 이해하고, 광고 가능성에 대해 가르쳐 주며, 장비 선택 시 도움을 줄 동료로 나의 친구이자 공동 진행자인 녹스 매코이[1]를 고용했다. 그는 이미 이 분야에 정통했다. 나는 그의 노력을 따라 할 수도 없었다. 녹스는 매회 방송을 어떻게 시작하고 끝맺어야 하는지 가르쳐 주겠다며 샘플 대본을 만들었다. 그 대본은 내게 엄청난 도움을 주었다.

게스트 인터뷰를 녹음하고 나서 녹스는 내 요구에 맞추어 방송 최종본을 매회 만들어 주었다. 처음 두 에피소드는 꽤 힘든 작업이었지만 그 후 나는 흐름을 익힐 수 있었다. 그래서 방송 제작에 초점을 맞추어 녹스가 집중할 수 있도록 해 주었다.

팟캐스트의 기술적 측면을 외주로 넘김으로써 나는 토론할 책을 연구하고, 잠재 청취자를 찾고, 훌륭한 인터뷰 질문을 준비하는 등 내가 가장 잘하는 일에 집중할 수 있었다. 결과적으로 좋은 팀의 도움으로 더 많은 프로젝트를 완성하게 되었다. 내가 혼자 했다면 맡을 수 없는 프로젝트들도 있었다.

## 모든 일을 스스로 할 필요는 없다

우리는 대부분 모든 일을 스스로 할 필요가 없다는 것을 알기 때문에 다양한 방법으로 일을 위탁하곤 한다. 그리고 이를 두고 말 그대로 '위임'을 했다고 생각하지는 않을 것이다. 하지만 이건 위임이 맞다. 에어컨이 이상한 소리를 내면 고민 없이 수리 기사를 부를 것이다. 서비스 회사에 전화를 하면 그만이다. 어쩌면 매일 저녁 식사를 골똘히 고민하지 않을 수도 있다. 식사 준비 대행업체나 블로그, 잡지 등에서 본 한 주의 식단을 그대로 따라 해도 된다. 인터넷에 올라온 청소 계획표를 참고하면 침대 시트를 언제 갈지, 냉장고를 얼마나 자주 청소해야 할지 고민하지 않아도 된다. 그저 체크리스트가 하라는 대로 하면 되니 말이다.

할 일을 외주로 넘기면 우리는 시간을 절약할 수 있고, 돈을 좀 아낄 수도 있고, 어쩌면 더 나은 결과를 얻을 수도 있다. 그러나 정신적 처리 능력을 아낄 수 있다는 장점이 가장 크다.

## 외주 대상 정하기

전략적인 외주는 매일 우리에게 닥치는 결정의 공격을 처리하는 데 도움을 준다. 일상은 수많은 결정과 그 누적 효과로 압도당하기 마련이다(그리고 우리는 제1부 제2장에서 이미 이런 압박이 결정 피로의 확실한 신호라는 것을 알게 되었다). 모든 것을 스스로 관리할 필요도 없고, 모든 결정을 내가 내릴 필요도 없다는 점을 깨달으면 자유를 얻을 수 있다. 결정의 경로를 줄이면 정신적 부담도 줄어든다.

사람들은 각자 자신만의 이유로 외주를 선택할 것이다. 당신에게 산적한 문제를 해결하기 위해 엄격한 규칙을 적용할 필요는 없다. 우리는 모두 서로 다른 재능과 관심, 기술과 자원을 가지고 있기 때문에 모든 것에 통용되는 체크리스트는 존재하지 않는다. 하지만 내 일을 덜기 위해 다음과 같은 질문을 할 수는 있다.

## 내가 할 수 있는 일인가?

가장 간단하게 대답할 수 있는 질문은 '내가 할 수 있는가?'이다. 만약 당신이 직접 할 수 없다면 도움을 받는 것이 이치에 맞는다. 도움을 받을 사람이 친구든 전문가든 말이다. 당신이 처한 상황이나 실력에 따라 수학 과외나 천장 칠하기, 미디어에 출연하기 전 메이크업 받기 등을 도움받을 수 있다.

때로는 우리가 그 일을 해결할 수 있지 않을까 의심이 가면서도, 그 일을 직접 한다는 생각만으로도 무서워서 할 수 없다고 느낄 수도 있다. 그 점에 대해서는 조금 뒤에 설명하도록 한다.

지금 당장은 할 수 없지만 해결 방법을 배우고 싶다면 어떻게 해야 할까? 다음을 읽어 보자.

## 내가 하고 싶은 일인가?

내 친구 메그[2]는 팟캐스트를 시작했을 때 오디오 제작에 대해서는 문외한이었지만 배우고자 하는 의지가 강했다. 그녀는 각 에피소드를 처음부터 끝까지 직접 만들면서 청취자들에게 독창적인 방송을 들려주고 싶어 했고, 방송을 자신이 완전히 통제하려고 했다. 그러나 스스로 만들어 보고자 한 데에는 더 커다란 목적이 있었다. 메그는 방송을 시작하며 "산후 우울증에서 벗어나, 초보자였지만 새로운 기술을 배우고, 방송에 대한 아이디어부터 마지막 최종본까지 내 손으로 만드는 게 커다란 치유와 기쁨이었다"라고 했다. 오디오를 어떻게 편집해야 하는지도 몰랐지만, 그녀에게는 배움 자체가 소중했다.

일상의 결정에도 같은 원칙을 적용할 수 있다. 동네 빵집에서 파는 머핀이 정말 맛있지만, 베이킹이 스트레스를 풀어 주는 취미라면? 이웃집 아이에게 용돈 벌이 삼아 마당 잔디를 정리해 달라고 할 수도 있지만, 잔디 깎기가 나만의 명상법이라면? 이웃이 대신 도서관 책을 반납해 주겠다고 하지만, 신간 도서 구역을 돌아보며 마음에 드는 책을 발견하는 것이 즐겁다면? 친구는 식단 준비 대행업체의 서비스를 좋아하지만, 당신은 요리책을 꺼내 일주일 치 식단과 그에 어울리는 쇼핑 리스트 꾸리기를 좋아한다면? 배관공에게 전화를 해도 되지만, 유튜브 동영상으로 독학해 물이 새는 배관을 직접 고치고 싶다면? 60달러를 절약하기 위해 직접 팔을 걷어붙이든 완벽한 결과물에 만족하든 상관없다. 어찌 되었든 결과는 그만한 가치가 있다.

스스로 무언가를 하고 싶은가? 이 질문에 대한 답은 언제나 다양하고 개인마다 다르다. 당신이 외주를 주거나 주지 않는 이유 역시 마찬가지다. 어찌 됐든 좋은 방법이니 말이다.

### 내가 하는 것이 의미가 있는가?

다른 사람에게 외주를 줄 때 '나에게 중요한 일인가?'를 생각해야 한다. 그저 해야 하는 일과 반드시 자기가 해야 하는 일에는 차이가 있다.

한 여행 전문가는 출장을 갔을 때는 낯선 도시에서 대중 교통을 이용하는 데 정신력을 낭비하지 말라고 조언한다. 그냥 택시를 타고 목적지까지 가라는 뜻이다. 어떤 길로 갈지는 택시 운전사가 결정할 일이고 우리는 중요한 회의 와 발표를 위해 에너지를 절약해야 한다. 물론 당신이 도 시에서 열리는 임원급 회의에 참석할 경우라면 말이다(나 에게는 좀처럼 일어나지 않는 일이긴 하다). 하지만 나와 남편은 아이들을 데리고 뉴욕에 가서 아이들과 함께 대중 교통을 이용하는 모험을 해 보았다. 대중교통을 이용하는 것도 엄청난 에너지가 필요한 일이지만 경험의 일부분이 었으므로 괜찮았다.

내 친구 애슐리는 다가오는 가을의 문학 여행을 계획하 느라 몇 시간을 보내고 있다. 그렇다면 내 친구는 필요 이 상으로 정신적 에너지를 쓰고 있는 것일까? 물론 그녀가 시간을 절약하고 싶다면 인터넷에 다른 사람들이 올려놓 은 여행 일정을 그대로 따라 하면 될 것이다. 그러나 애슐 리에게 계획은 즐겁고 놓칠 수 없는 과정이다. 그녀에게 계획은 여행의 일부분이고 그녀는 경험의 모든 부분을 사랑한다.

스스로에게 중요하다고 생각하는 것을 위탁하지는 말자. 여행 경험의 모든 면면을 조사하는 일이나 친구를 위해 점심을 주문해 주는 것, 사랑하는 사람들을 위해 카드를 고르는 일에서 의미를 끌어낼 수 있다면 내 손으로 하는 게 좋다. 하고 싶은 일에 고민을 쏟는 일은 결코 지나친 것이 아니다.

### 내가 해야 하는 일인가?

무언가에 여유가 있다고 하면 사람들은 대부분 경제적 여유를 생각한다. 그리고 외주와 관련해서는 돈도 분명 중요한 요소다. 유명 연예인들처럼 개인 요리사, 트레이너, 가사 도우미, 그리고 비슷한 종류의 외주를 좋아할 수도 있다. 하지만 그 모든 사람을 고용하는 데는 엄청난 돈이 든다. 외주가 항상 돈을 필요로 하는 것은 아니지만, 외주를 생각할 때는 돈도 고려해야 할 중요한 요소다.

우리는 지금 머릿속 여유 공간에 대한 이야기를 하고 있으므로 이 질문 역시 다른 각도에서 생각해 보자. 자신에게 물어볼 것. 내가 직접 그 일을 처리할 만한 마음의 여유가 있나? 내 머릿속과 내 인생이 그 일을 떠맡을 여유가 있나? 만약 내 머릿속에서 '아니'라는 대답이 들린다면 결국 답은 외주밖에 없다.

## 외주 인력 정하기

도움을 받을 일에는 적합한 사람이 있게 마련이다. 물론 그렇지 않은 경우도 있지만. 우리는 모두 자신만의 전문 분야가 있다. 또한 자신에게 부족한 기술과 자원을 가진 사람들이 주변에 있다.

다른 사람에게 일을 시키면 일단 마음이 가벼워진다. 하지만 그 일을 정말 옳은 방향으로 마무리하고 싶다면 외주를 준 사람을 전적으로 신뢰해야 한다. 그러지 않으면 계속 그 일을 생각하게 된다. 그러면 외주를 준 이유가 없어진다. 다음은 외주 대상을 고려할 때 몇 가지 중요한 점이다.

### 이 사람이 그 일에 적합한가?

특정인에게 외주를 줄 때는 그 사람에게 그만한 이유와 근거가 있는지를 생각해 봐야 한다(이런 일을 쉽게 하는 사람들에게 경의를 표한다).

몇 년 전, 나는 멋지지만 너무 낡은 내 첫 번째 집의 외관을 새로 페인트칠할 도장공을 고용했다. 나는 어리고, 이런 일에 대한 경험도 없고, 어떤 색을 선택해야 할지도 몰랐다. 그래서 도장공에게 모든 결정을 위임했다.

"제 마음에 드는 걸 말해 줄게요."

도장공은 이렇게 말하며 몇 가지 색 조합을 묘사해 주었다. 나는 그의 제안이 마음에 들었다. 드디어 도장공이 제안서에 맞게 집을 페인트칠하기 시작했다.

도장공은 숙련된 사람이었지만, 나는 그의 페인트 작업 진행이 만족스럽지 않았다. 몇 년이 지나서야 비로소 그 이유를 깨달았다. 색을 결정하는 작업 자체를 모두 그에게 맡겼는데, 조금만 귀를 기울였다면 그 사람과 나의 취향이 완전히 다르다는 사실을 알아차렸을 것이다. 내 취향과 잘 맞는 사람의 도움을 받았으면 더 좋았겠다는 생각이 나중에야 들었다. 요즘 들어 나는 스스로에게 묻는다.

'누군가에게 도움을 받아 내가 원하는 결과물을 만들 수 있을까?'

간단하지만 정말 중요한 질문이다.

## 친구에게 도움을 청해도 될까?

도움을 청하는 것을 모두 공적으로 처리할 필요는 없다. 어쩌면 도움을 청하는 것 자체가 이미 삶의 일부분 아닌가. 이사나 옷장 정리 같은 걸 도와 달라고 친구를 불러 본 적이 있다면 내 말이 무슨 뜻인지 이해할 것이다. 우리가 친구들의 기술과 재능을 관찰한 후 도움을 요청하면 정말 많은 도움을 받을 수 있다. 우리는 친구의 도움에 매우 기쁘고 그 결과에도 감사할 것이다.

사무실로 쓰는 서재를 정리하다 보니 분류가 필요한 서류가 수북이 쌓여 있었다. 그런데 효율적인 분류 방법을 몰라 머리가 지끈거렸다. 오랫동안 골머리를 앓다가 정리에 탁월한 친구 멜리사에게 좋은 방법을 알려 달라고 조언을 구했다. 내가 꼼짝도 못 하고 있다는 걸 안 그녀가 나서 주었다. 자신이 좋아하는 스타일의 수납함과 네임 펜을 들고 온 친구는 어떻게 정리해야 하는지 방법을 알려 주었다. 시간은 말할 것도 없고 엄청난 에너지도 절약해 주었다. 그리고 재미있었다. 나는 내 지루한 프로젝트에 다른 사람을 참여시키는 게 좋을지 몰라 망설였지만, 멜리사는 기꺼이 나를 도와주었다. 그리고 함께 일을 하니 전혀 지루하지도 않았다.

내 친구 마이퀼린[3]은 사람들을 집으로 초대할 때 특별한 법칙이 있다. 그녀는 모든 요리를 직접 하려고 들면 산만해지기만 하고 제대로 대접할 수 없게 되어 결국 초대 자체를 후회한다는 사실을 잘 알고 있다. 그래서 그녀에게는 사람들을 초대할 때 지켜야 할 두 가지 법칙이 생겼다. 자신이 직접 해야 하는 것 외에는 사거나 손님에게 가져오라고 부탁하는 것이다.

마이퀼린 집에 초대를 받았을 때 이 법칙을 직접 구경한 적이 있다. 그녀는 주방에서 수백 번도 더 만들어 본 치킨 토르텔리니 수프를 만들었다. 우리는 식탁에 앉아 수다를 떨었다. 친구는 가게에서 산 빵과 디저트를 함께 냈다. 음식은 맛있었고, 만들기도 쉬웠으며, 친구들과 함께 시간을 보내면서도 우리 중 누구도 허투루 대접받았다는 느낌이 들지 않았다. 마이퀼린은 이런 식으로 친구들과 시간을 보내면서도 멋진 저녁 식사를 대접하는 일에 집중할 수 있었다.

그녀는 또한 자신이 사람들을 도와주는 것을 좋아한다는 사실도 발견했다. 우리는 도움을 청할 때면 그 혜택이 두 가지라는 사실을 자주 잊는 경향이 있다. 친구에게 부담을 준다고 걱정할지 모르지만, 사실 친구는 그 과정에서 가치 있는 사람이 되기를 바란다. 다른 사람에게 도움을 요청하는 일은 그 사람을 좀 더 자주 볼 수 있는 구실이 되기도 한다.

## 때로는 전문가가 필요하다

어떤 일에는 친구들이 전문가인 경우도 있다. 함께 일하면 재미있고 일을 끝내기 위해서는 다른 사람을 고용하는 게 효과적일 때도 있다. 다른 사람들의 전문 지식에 의존하면 정신적 에너지를 절약할 수 있다.

딸들이 어렸을 때 아이들 방을 새로 칠해 주고 싶었다. 남편과 내가 그 방에서 하루 잠을 잔 적이 있다. 벽 색깔이 카키색(페인트 전문가 말에 따르면 '바닷모래' 색이었지만)이었는데 아이들은 새 침대와 조화를 이룰 수 있게 옅은 라벤더색으로 칠해 달라고 했다. 전문가에게 부탁을 할까 잠깐 고민하다가 스스로 할 수 있을 것 같은 마음이 들었다. 그냥 페인트칠 아닌가. '나도 페인트칠 정도는 할 수 있지'라고 생각했다.

페인트 샘플을 자세히 살펴보고 몇 가지 고른 뒤 벽에 발라 보았다. 그런데 내가 원하는 색이 나오지 않았다. 첫 번째 샘플은 포도맛 음료수처럼 나왔고, 두 번째 샘플은 기침

약 색이었다. 세 번째는 보라색보다는 분홍색에 가까웠다. 좌절 끝에 포기한 나는 집 근처 페인트 가게를 방문해 디자이너와 약속을 잡았다. 그 디자이너는 예전에 나에게 여섯 가지 색상을 추천해 준 적이 있었다. 그의 추천은 매우 만족스러웠고, 그는 나무랄 데 없는 취향을 가졌으며, 심지어 무료로 상담을 해 주었다. 나는 페인트 샘플과 침대보를 가져갔다.

"기분 상해하지 마세요. 보라색은 좀 안 어울려요."

디자이너는 이렇게 말하더니 나라면 결코 선택하지 않을 색을 추천해 주었다. 집으로 돌아와 벽에 칠해 보니 너무 잘 어울렸다. 딸들도 좋아했고 나도 만족스러웠다.

그 후 나는 전문가에게 색을 고르도록 맡긴다. 그리고 전문가의 결과물은 언제나 멋있다.

나는 이 과정을 즐기지 않았지만 다른 사람들은 좋아할 수도 있다는 점이 중요하다. 사춘기를 보내는 딸은 작년에 제 방을 다시 꾸미며 스스로 색깔을 고르고 싶어 했다. 자신의 공간을 꾸미는 과정에서 절대 놓치고 싶지 않은 부분이었던 모양이다. 내 도움으로 아이는 인터넷 사이트를 통해 여러 가지 샘플을 찾아보고, 홈디포를 방문해서 샘플 몇 가지를 구해 칠을 했다. 긴 과정이었지만 아이는 만족해했다.

# 외주 시기 정하기

우리는 일반적으로 생각하는 것보다 조금 더 많이, 아니 어쩌면 훨씬 더 많이, 외부의 지원이 필요하다. 프로젝트의 특정 단계에서 외부의 도움이 필요한 경우도 있다.

## 인생에도 계절이 있다

살면서 아주 심하게 스트레스를 받는 계절이 있다. 새로운 집으로 이사를 하거나 직장이 너무 바쁘거나 아이를 낳거나 응원하는 팀이 꼭 살아남아야 하는 가을 스포츠 시즌 등이 그런 경우다. 그럴 때는 다른 사람들에게 외주를 주는 게 현명할 수 있다. 아픈 이들에게 수프를 가져다주고, 친구 이사를 도우며, 마감일이 다가올수록 음식을 시켜 먹는 일이 잦은 것 등에도 이유가 있다. 상황을 좀 살펴보면서 필요할 때는 배운 것을 통합해 외주를 시도해 보자.

## 시작에 도움이 필요한 경우

어떤 일을 시작할 때 다른 사람의 도움을 받으면 정신적 에너지를 절약할 수 있다. 일단 움직이면 계속 나아가기가 쉽지만 시작할 때 엄청난 노력이 필요한 경우도 있다.

무언가를 시작해야 한다는 압박감을 경험해 본 적이 있는가? 작가인 나는 아무것도 쓰이지 않은 빈 페이지가 얼마나 압도적인지를 잘 알고 있다. 아무것도 아닌 것을 무언가로 바꾸는 것은 정말 힘든 일이다. 하지만 일단 초안만 잡으면, 심지어 그게 아무리 허접하다 할지라도 좋게 발전시킬 수 있다.

무언가를 시작한다는 생각이 부담스러울 수도 있다. 그럴 때는 다른 사람이 일단 초안을 써야 하는 상황에 내가 어떤 도움이 될 수 있을까를 생각해 보자.

어제, 카페에 갔다가 대화에 푹 빠진 두 여자 곁에 앉아 대화를 엿듣게 되었다. 한 사람은 식단에서 글루텐을 완전히 제거해야 하는 자가 면역 질환의 일종인 셀리악병 진단을 받은 상태였다. 그녀는 쇼핑과 요리, 식이 등을 모두 새롭게 배워야 하는 복잡한 상황에 압도되어 가족 중에 셀리악병 환자가 있는 친구에게 도움을 요청하는 중이었다. 두 사람은 글루텐 없는 생활 방식을 논의했다. 최근 진단을 받은 여성이 말했다.

"냉장고를 열었는데 그다음에 어떻게 해야 할지 도무지

모르겠어."

친구가 대답했다.

"처음에는 당연히 힘들어. 근데 요령만 터득하면 괜찮아. 나도 처음부터 요령을 알고 있었으면 좋았을 텐데."

그녀는 온갖 신문 기사와 엑셀 자료, 식료품 목록이 가득 찬 파일을 꺼냈다. 식사와 간식 조리법, 외식하는 법, 그리고 우연히 글루텐을 섭취했을 때 어떻게 해야 하는지에 대한 대처법도 이야기했다. 어디서부터 어떻게 시작해야 할지 모를 때 경험 많은 친구가 길을 알려 주면 큰 도움이 된다.

마찬가지로 〈모던 미시즈 다시〉 블로그의 독자들 역시 매년 열리는 '독서 챌린지'를 좋아한다고 말한다. 독서를 하기 위해 에너지를 쓸 필요 없이 간단하게 시작할 수 있는 구조를 따르며 출발하는 것이다. 사람들은 자신의 목적에 맞게 도전 과제를 수정하고, 우리는 그저 그들에게 대략적인 초안만 만들어 주는 것이다.

나는 직장에서도 이 원칙을 실천한다. 일을 시작하는 것은 어렵고 나 혼자 모든 결정을 내릴 필요도 없다. 우리 회사의 소규모 팀은 재능이 많고 뛰어난 인재로 구성되어 있다. 프로젝트를 시작할 때면 나는 종종 그들에게 아이디어를 브레인스토밍한 뒤 출발점을 만들어 달라고 부탁한다. 누군가 시작해 놓은 일을 발전시켜 나가는 게 내가 직접 시작하는 것보다 훨씬 쉽다. 가끔 업무에 대한 피드백을 줘야 할 때도 있지만 내가 초안을 작성하지는 않는다. 팀을 관리할 수는 없어도 이 원칙을 적용할 수는 있다. 당신이 무언가를 시작할 때 다른 사람이 당신에게 초안을 줄 수 있는 상황이 된다면 말이다.

## 풀리지 않는 문제부터 해결하라

불안과 두려움은 크고 작은 문제에서 엄청난 고민을 불러온다. 제대로 가고 있는지 확신할 수 없을 때 우리는 정신적으로 마비되고, 본의 아니게 반추의 문을 열게 된다. 이는 자신의 판단에 대한 자신감이 부족하기에 자연스러운 일이다. 또한 우리 두뇌는 미완성된 일을 해결하려 들기 때문에 아직 답을 하지 않은 질문이나 풀리지 않는 상황을 반복해서 떠올리는 것 역시 자연스럽다. 그러므로 믿을 만한 사람에게 도움을 받을 수 있다면 이런 치명적인 반추를 멈출 수 있다.

살아가면서 100퍼센트 해결할 수 없는 것들도 있다. 따라서 가능한 것들은 해결해서 정신적 에너지를 보존하기 위해 노력하는 것이 좋다. 전문가에게 내가 가는 방향이 옳은지를 확인하는 것만큼 간단한 일도 없다.

크로스핏이 유행하기 몇 년 전 나는 우리 집 차고에서 역기를 들며 프로그램을 따라 해 봤다. 책과 유튜브를 보면서 '스내치'나 '스모 데드리프트' 같은 동작을 따라 했다. 효과와 안전이 모두 중요한 운동이었다. 내 폼이 괜찮은가 생각했지만 확신할 수 없었고, 운동할 때마다 내가 제대로 하는 건가 의문이 들었다.

크로스핏을 독학한 지 1년쯤 되었을 무렵이었다. 당시 시카고에는 크로스핏 체육관이 몇 곳 있었다. 나는 체육관을 방문해 내 폼이 제대로 된 것인지 평가를 요청했다. 사람들 앞에서 기구를 들어 올리는 게 좀 이상했다. 운동을 유튜브로 배우고 다른 사람들이 어떻게 운동하는지를 제대로 본 적이 없었기 때문이다. 코치는 나를 보더니 "제대로 하고 계시네요"라며 간단히 칭찬해 줬다. 그 말을 듣자마자 나는 고민을 거두었다.

나는 가끔 간단한 대화를 통해 다음과 같은 주제에 대해 수년 동안 지속된 걱정을 해결할 수도 있다는 사실을 발견했다. 질문은 다음과 같다.

'내가 딸의 공부를 아이에게 필요한 방향으로 잘 지원하고 있는가?'

학교 상담사는 아이가 학업에 충실하며 엄마의 극성맞은 뒷바라지를 필요로 하지도, 원하지도 않는다고 말해 주었다. 그러므로 나는 잘하고 있다.

'내가 물을 너무 많이 줘서 떡갈잎고무나무를 죽이게 되는 것은 아닐까?'

꽃 가게 사람들이 이 동네 기후가 건조해서 물을 충분히 주어야 한다고 확인해 주었다.

'방금, 자극받은 피부에 보습제를 발랐는데 혹시 더 심각한 상태는 아닐까?'

피부과 의사는 정확히 필요한 처방을 했다며 걱정할 것이 하나도 없다고 해 주었다.

그러므로 나는 모두 잘하고 있다.

우리가 해야 할 일 목록에 있는 모든 아이템을 외주를 줄 필요는 없다. 그러나 외주를 주지 않은 문제에 대한 답을 얻고자 다른 사람에게 도움을 청할 수는 있다. 그리고 일단 결정하고 나면 고민은 더 이상 우리 마음속 공간을 차지하지 않는다. 제대로 하고 있다는 것만 확인하면 뇌는 안심한다. 더 이상 그 문제를 궁금해할 필요가 없다고 여기는 것이다. 생각의 고리가 끊어졌기 때문이다.

## 도움을 청하고 최고의 삶을 살자

우리 스스로 모든 문제를 해결할 수는 없다. 다른 누군가를 고용하게 되면 우리는 걱정할 문제 한 가지, 처리할 일 한 가지, 관리할 일 한 가지를 덜게 되는 셈이며, 이렇게 아낀 에너지를 다른 데 더 잘 활용할 수 있다. 우선은 한 가지겠지만 이것이 반복되며 누적되면 그 효과는 어마어마하다!

이 전략은 우리의 정신적 공간을 보호해 주며 종종 재미있는 보너스도 준다. 시간을 절약하고, 친구들과 즐거운 시간을 보내고, 심지어 돈을 절약할 수도 있다. 다른 이들의 전문성에 덩달아 똑똑해지고 우리가 모르던 것도 배울 수 있다.

다른 사람에게 일을 넘기는 게 무조건 현명한 전략이 아닐 수도 있다. 하지만 나름대로 최선을 다해 사는 방법의 하나일 수는 있다. 그러므로 부끄러워하지 말고 누군가에게 도움을 청하라.

- 외주의 성공 스토리가 있는가? 프로젝트에 도움이 필요했고, 그 결과가 만족스럽던 적이 있는가?

- 정말 좋아하고 즐기는 일이라서 남의 도움을 받고 싶지 않은 게 있다면 무엇인가?

- 도움을 청하는 데 어려움을 겪은 적이 있는가? 그럴 때 누구에게 도움을 청했는가?

- 타인의 외주가 절실히 필요한 인생의 계절이 있는가? 아주 바쁜 계절이 기다리고 있지는 않은가? 그렇다면 어떤 부분을 외주로 주어 일을 해결 할 수 있을까?

- 당신의 인생에서 제대로 하고 있는지 궁금한 영역이 있는가? 그렇다면 어떤 도움을 어떻게 받을 수 있는지 생각해 보자.

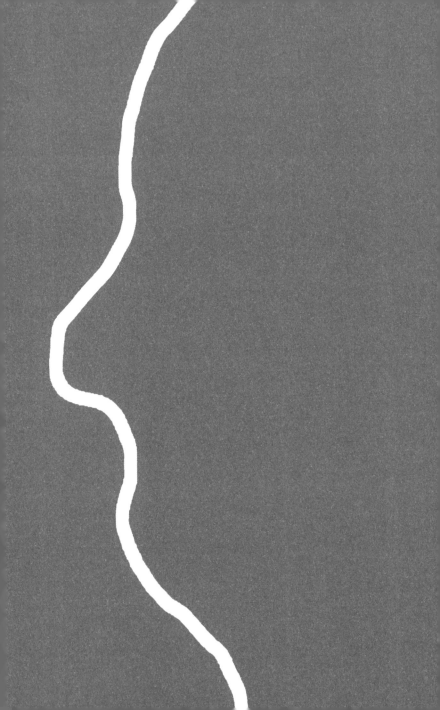

제3부
좋은 날이 올 것이다

어째서 지금의 행복을 잡지 못하는가?

미래에 올지도 모를 행복을 준비하느라 지금 눈앞의 행복을

얼마나 망치고 있는가!

— 제인 오스틴

# 제1장

# 일이 내 맘대로 되지 않을 때

대학교 3학년 때 캠퍼스 전체가 하루 동안 정전이 된 적이 있다. 수업 전 도서관 정리 아르바이트를 하러 아침 8시에 도서관에 도착했는데, 문은 잠겨 있고 내부는 어두컴컴했다. 깜짝 놀라 문을 잡아당겼으나 열리지 않았다. 그제야 나는 정전으로 학교 건물을 모두 폐쇄하고 휴강한다는 안내 간판을 발견할 수 있었다.

이 소식을 룸메이트와 나누기 위해 서둘러 기숙사로 돌아왔다. 우리는 갑자기 들이닥친 행운에 기뻐했다. 자유로 가득한 하루가 우리 눈앞에 있었다. 무엇을 해도 즐거울 터였다. 누구도 그날 하루 계획을 미리 세울 수는 없었다. 어떻게 그럴 수 있었겠는가. 정전이 일어날 줄은 꿈에도 몰랐으니 말이다. 참고로 1990년대였고, 밤새 문자 경고음이 울리는 휴대폰 같은 것은 그 누구도 갖고 있지 않던 시절이었다.

타이밍은 기가 막혔다. 마침 따뜻하고 화창한 봄날이었다. 모두 바깥으로 나가 공부를 하거나 원반던지기를 하거나 친구들과 수다를 떨었다. 캠퍼스는 꼭 대학교 안내 브로슈어의 표지처럼 보였다. 인도 위에서 소풍을 가서나 먹을 법한 식사를 했디. 평소라면 카페테리아 식탁에서 먹었을 밥을 잔디 위에서 먹었다.

정말 멋진 하루였다. 마치 누구도 계획하지 않았지만 하루쯤 꿈꾸는 그런 날이었다. 아직도 그날의 기억이 애틋하다. 그리고 그 모든 것은 어쩔 수 없는 일에서 시작되었다.

우리 중 몇몇은 즉흥적으로 계획에서 벗어날 기회를 찾아 나서는 반면, 누군가는 하루의 매 순간을 계획하며 산다. 그러나 선천적으로 흐름에 몸을 맡기는 성격이든 아니든, 세심하게 계획한 일상을 선호하든 싫어하든, 삶은 이따금 우리를 즉흥적으로 만든다. 어쩔 수 없는 일은 필연적으로 일어나기 마련이다. 갑자기 베이비시터가 오지 않거나 비가 내려 계획을 바꿔야 할 때도 있고, 전기가 나가는 날도 있다. 우리는 그 순간 방향을 돌려 상황을 최대한 활용해야 한다. 항로를 재빨리 바꿀 필요가 있다는 뜻이다.

일의 방향이 옆으로 틀어지는 순간을 맞닥뜨릴 때마다 우리는 종종 살아남아야 한다고 느낀다. 민감한 상황이나 지금 당장 선택을 해야 하는 상황에 이르면, 지나친 반추와 의사 결정 마비가 시작된다.

우리는 모든 상황에 대비할 수는 없지만 일이 잘못될 경우를 대비할 수는 있다. 그리고 그래야 마땅하다. 자발적으로 틀을 만들고 좋은 것들을 우리 삶에 끌어들여야 한다. 왜냐하면 일이 항상 내가 의도한 대로 흘러가지는 않기 때문이다. 그리고 위안을 삼을 수 있다. 즉흥적인 순간들은 마치 학교 수업이 전부 휴강이던 나의 대학 시절처럼 찬란한 봄날과 최고의 기억으로 남을 수도 있다. 예상치 못한 상황 전개는 우리를 순간적인 혼란에 빠뜨릴 수도 있지만, 서둘러 결정을 하고 어지러운 재탐색의 길을 헤치고 나아간다면 길 끝에서 기쁨을 찾을지도 모른다. 비결은 그곳에 다다르는 법을 배우는 것이다. 이제 그 방법을 함께 알아보도록 하자.

## 아무것도 하지 않는 것보다는
## 무엇이라도 하는 게 낫다

　의사 결정을 위한 기회가 위험으로 가득 찰 수도 있다. 특히 고민의 본질이 시간일 경우에 그렇다. 좋은 선택 사항 중 하나를 택하는 것조차 힘든데 시간까지 고려해야 하면 압박감이 더 커진다. 순간적으로 벅찬 기분을 느낄 때도 있지만 그 때문에 형편없는 선택을 하기도 쉽다.

　슬프게도 나는 이런 결정을 여러 번 했다. 월과 내가 맨해튼에 머물 때였다. 무엇을 할지 즉흥적으로 결정하는 대신 우리는 뉴욕을 즐기며 여행할 수 있도록 미리 세심한 계획을 세웠다. 현대 미술관에서 1시간을 보내고 나와 센트럴 파크의 북쪽을 돌 계획이었다. 그런데 폐관 시간에 미술관에서 나왔더니 뜻하지 않게 폭우가 쏟아지고 있었다. 걷기에 좋은 날도 아니었고 우산을 챙기지도 않은 상황이었다. 결국 우리는 그 근처를 방문하기로 한 다음 스케줄까지 꼬박 1시간을 버려야 했다. 그래서 어쩔 수 없이 즉흥적으로 행동할 수밖에 없었다. 산책을 하는 대신 카페에 들어가 커피를 마시며 비를 피하는 게 어떨까 생각했다.

　그런데 도시의 지리에 익숙하지 않아서 어디로 가야 할

지를 몰랐다. 미리 계획을 세우지도 못했고, 참고할 만한 추천 목록도 없었으며, 근처에 괜찮은 카페도 보이지 않았다. 길모퉁이에 서서 휴대폰으로 검색을 하고 싶지도 않았다. 물론 형편없는 카페에서 시간과 돈을 낭비하고 싶지도 않았다. 우리는 계속해서 눈앞에 보이는 조악한 카페 몇 곳과 우리가 아는 식당 중 너무 멀리 떨어져 있지 않은 곳들을 곱씹었다. 그 어느 곳도 마음에 들지 않았다. 형편없는 선택을 내릴까 봐 두려웠다. 그러자 몸과 마음이 얼어붙었다. 우리는 아무것도 선택할 수 없었다. 아니, 결정을 내릴 수가 없어서 사실상 아무것도 하지 못한 채 비를 맞으며 걷고 있었다.

사실 전혀 심각한 상황이 아니었다. 결과도 심각하지 않았다. 그저 오후에 잠깐 내린 비와 가볍게 마실 커피 한 잔이 필요한 상황이었다. 그러나 이 상황은 합리적인 두 사람이 어떻게 작은 계획의 변경에 성공적으로 대처할 수 없었는가를 여실히 드러낸다. 너무도 흔한 상황일 뿐이다. 형편없는 선택이 두려워 우리는 아무것도 선택하지 않았다. 그게 옳은 결정이었기 때문이 아니라, 어지러운 중간 과정을 헤쳐 나갈 수 없었기 때문이다. 우리는 고민에서 벗어나 행동을 취할 수가 없었다. 형편없는 카페에 들어가

맛없는 커피를 마시고 싶지 않다는 말도 안 되는 이유로 말이다. 그러나 이런 일은 매일 일어난다. 우리가 무엇을 해야 할지 확실하지 않거나 피곤하거나 압박감을 느낄 때, 우리는 아무것도 하지 않고 현 상황을 유지하고 싶어 한다. 다시 말해 아무런 행동도 하지 않는다.

그때 우리의 행동이 심각한 결과를 불러온 것은 아니었지만, 모든 일이 이렇게 흐르지는 않을 것이다. 조금 더 낫게 행동하는 법을 배울 필요가 있다.

나에게는 친구가 하나 있다. 술과 안주를 위해 식당과 바만 파고 다니는 자칭 전문가다. 그 친구는 여행을 할 때면 술이나 안주를 먹을 수 있는 좋은 장소를 찾는다. 뉴욕에서의 실망스러운 경험 이후 나는 친구에게 어디로 가야 할지를 어떻게 선택하느냐고 물었다. 과연 친구의 팁은 무엇이었을까?

"지금은 꼭 제2의 천성처럼 항상 이렇게 행동해."

그녀는 짧은 시간을 들여 멋진 장소도 많이 찾았지만 진짜 형편없는 곳도 여러 번 방문했다고 설명했다. 그럼에도 친구는 무엇이든 시도할 준비가 되어 있었다.

"내 비결이 뭔지 궁금해? 최악의 일이 일어나는 것도 그렇게 나쁜 것은 아니야. 그래서 그냥 아무 데나 골라."

앞으로 나아가기 위해 결정이 필요할 때 우리가 할 수 있는 가장 나쁜 일은 아무것도 하지 않는 것이다. 선택을 하는 것은 그게 어떤 선택이든 그에 맞춰 논쟁하고 그 순간을 그냥 흘려보내는 것보다 낫다. 다음에 이런 결정을 내려야 하는 순간이 오면 내 친구의 사고방식을 따라 해 보는 것은 어떨까? 그냥 아무거나 고르는 것이다. 그게 아무것도 안 하는 것보다는 낫고, 게다가 계획에 따라 펼쳐지지 않는 일들이 가장 좋은 추억이 되는 경우도 많다. 순간에 저항하는 대신 좋은 일이 다른 쪽에서 우리를 기다리고 있을지도 모른다고 생각하며 그 결정에 몸을 맡겨 보는 것은 어떨까?

## 좋은 일을 기대하며 적극적으로 달려들기

우리의 관점은 직면한 상황에 얼마나 잘 대처하는지에 큰 영향을 미친다. 위험도가 높다고 인지할 때 우리는 얼어붙게 되는데, 특히 완벽주의의 경향이 있을 때 더 그러하다. 계획에 없던 일을 갑자기 해야 한다면 의도적으로 저 위험을 상정하는 태도를 취하는 것이 도움이 된다. 이상적인 것을 선택하려 애쓰는 대신 좋은 기억은 종종 뭔가가 잘못되면서 시작된다는 사실을 떠올리면서 괜찮은 것을 선택하도록 한다. 그런 다음 계획이 변경되는 것을 거부하지 말고 좋은 일을 기대하며 적극적으로 달려들면 된다. 이는 우리의 불안감을 낮춰 주는데, 그 덕에 결정을 내리기도 더 쉬워진다.

대학에서 전기가 나갔을 때 우리는 이 황금 같은 휴가를 최대한 만끽할 방법에 관해 고민하느라 압박감을 받지 않았다. 우리는 실내에 머물면서 몇 시간에 걸쳐 우리의 선택권을 토론하지 않았다. 뭘 하더라도 우리가 그 휴일을 망칠 리 없었기 때문이다. 아이러니하게도 우리가 시간을 잘 보내야 한다는 부담을 느끼면 그렇게 하는 것이 더 힘들어진다. 우리는 전혀 부담을 느끼지 않았고, 그래서 그날의 이상함을 받아들이며 좋은 일을 기대했고, 좋은 일들을 찾을 수 있었다.

몇 년 전, 윌과 나는 다시 뉴욕에 갔는데 이번에는 갑작스레 틀어진 일들을 훨씬 더 잘 처리했다. 그날은 즐겁고 생산적이던 출장의 마지막 날 아침이었다. 우리에게 몇 시간 정도 시내에서 보낼 여유가 생겼다. 이미 가방을 정리해서 호텔 측에 맡겨 두었기에 오후 2시 비행기를 타러 공항에 가기 전까지 가볍게 탐험을 할 수 있었다. 그런데

9·11 기념비를 방문했을 때 우리 두 사람의 휴대폰에 똑같은 문자가 왔다. 예약한 비행기가 취소되어 다음 아침 비행기로 재예약이 되었다는 것이었다. 우리에게 갑작스레 18시간이 생겨 버렸다.

우리는 이런 일이 일어나기를 원하지 않았다. 볼일을 다 봤으니 집으로 돌아가고 싶었다. 하지만 집으로 돌아갈 방법이 없었다. 하룻밤을 이 도시에서 보낼 수밖에 없음을 확인한 우리는 그냥 여러 가능성을 즐기기로 했다. 이 시간에 무엇을 할 수 있을까?

우리는 전날의 모든 순간은 신중하게 계획하고 그에 맞게 행동했지만, 이제 무계획의 새로운 18시간을 맞닥뜨린 상황에서 어떻게 이 시간을 잘 보낼지에 대해 전전긍긍하지 않았다. 우리에게 주어진 보너스 타임에 뭐든 할 수 있는 것처럼 보였다(집에 있던 아이들이 나의 어머니와 하룻밤 더 보낼 수 있고 같은 호텔에 바로 다시 체크인할 수 있다는 사실을 확인한 뒤에 말이다). 우리는 세심한 계획을 세우지 않았다. 어떻게 그럴 수 있겠는가. 그냥 이렇게 된 거 그 시간을 잘 보내자고 마음먹었다.

굳이 기억에 남을 만한 무언가를 하려고 애쓰지도 않았다. 그 상황 자체가 충분히 기억에 남을 만했다. 시간 여유가 없어서 못 간 박물관을 방문했고, 꽤 괜찮아 보인 동네 식당에서 식사를 한 뒤 한참을 걷고 또 걸었다.

비행기가 취소된 것은 윌과 나의 선택이 아니었지만, 계획에서 어긋나는 경우는 우리의 실수로 인한 것일 수 있다. 내 친구 빌의 예를 들어 보자.

빌과 그의 아내 실라는 여행을 떠나면 와인 양조장을 방문하고 종종 기념품으로 와인을 구입한다. 어느 평범한 화요일, 실라는 저녁 식사에 곁들일 와인 한 병을 열었다. 그녀는 두 잔을 따르고 "이거 정말 맛있다"라고 말하며 한 모금을 마셨다. 빌은 한 모금 마시고 동의했다. 믿을 수 없을 정도로 좋다고. 그는 마시고 있는 와인 정보를 보기 위해 라벨을 자세히 들여다보았다. 그리고 자신들의 실수를 깨달았다. 특별한 경우를 위해 모아 둔 80달러짜리 병을 열었던 것이다! 그 착각에 대해 자책할 수도 있었겠지만 그들은 후회하는 대신 '실수'를 받아들이기로 했다. 평범하던 화요일 저녁이 특별한 날로 변했다. 그들은 헝겊 냅킨을 꺼내고 촛불을 켠 뒤 과거에 방문한, 그리고 미래에 방문하고 싶은 와인 양조장에 관해 이야기하며 저녁을 먹었다. 그들은 평범하면서도 특별한 밤을 만들어 줄 더 많은 기념품 와인을 집에 가지고 올 것이다.

알렉산더 페인 감독의 영화 〈사이드웨이〉 한 장면이 떠오른다. 마일스는 친구 마야에게 61년산 슈발 블랑을 아직 열지 않았다고 말한다. 이미 그 와인이 너무 오래되어 곧 상할지도 모르는데 말이다. 마야는 61년산 슈발 블랑을 여는 날, 그날이 바로 특별한 상황이라고 말하며 그를 부추긴다.

## 예상치 못한 상황에 대비해 여유 쌓기

때로는 예정에 없던 일들이 확 밀려들지만, 짜인 극본에서 벗어날지 말지를 자신이 선택할 수 있다면 어떨까? 다시 말해, 갑작스러운 일에 강제로 던져지는 것이 아니라 그런 상황에 초대된다면? 나는 살면서 예상치 못한 순간에 대비해 여유를 만들어 두면 그런 상황을 받아들이기가 훨씬 더 쉽다는 점을 깨달았다.

100퍼센트 가득 채워 일을 하고 있다면 우리는 계획에서 조금도 벗어날 수 없다. 그럴 여유가 없기 때문이다. 하지만 스케줄에 어느 정도 여백을 두면, 그러니까 조금의 틈도 없는 생활과 일정을 유지하지 않으면 우리는 더 유연하게 일을 처리할 수 있다. 나는 언제든 일은 잘못될 수 있고 일정에 차질이 생길 수도 있다는 점을 염두에 두고 마감일을 예정보다 빠르게 정해 둔다. 누군가 독감에 걸리기도 하고, 인터넷이 끊기는 상황이 생길 수도 있으며, 때로는 노트북 스페이스 바가 중요한 순간에 고장이 나기도 한다(실제로 내가 경험한 일이다).

준비가 되어 있다면 우리는 기회를 잡을 수 있다. 기회가 갑자기 들이닥치든 반갑게 찾아오든 말이다. 계획은 우리가 미리 논의한 대로 되시 않아 새롭게 조율해야 할 때도 있다. 하지만 예상하지 못한 순간에 기회가 생기기도 한다.

여유를 마련해 두는 것은 일이 틀어질 경우만 대비하는 것이 아니다. 예상 밖으로 일이 잘 풀리는 경우에도 대비하는 것이다. 어렸을 때 엄마는 친구랑 놀고 싶으면 그럴 수 있도록 숙제를 미리 해 두라고 했다. 엄마 충고를 따른 나는 숙제를 끝내기 위해 집에 갇혀 있지 않아도 되었다. 성인이 된 지금도 이 충고는 유효하다. 비록 세세한 부분은 조금씩 다를지라도 말이다.

미리 준비해 두면 기회가 나타났을 때 그것을 충분히 취할 수 있다. 사적인 인간관계를 소중하게 여긴다고 말하는 것과 실제로 그렇게 실천하기 위한 여유를 만드는 것은 별개의 일이다. 가령, 내가 바쁜 와중에 친구 집에 뭔가를 전달하러 들렀는데 친구가 차를 권하는 경우가 있다. 그럴 때 나는 거절을 해야만 한다. 하지만 내 생활에 습관적으로 여유를 만들어 두면 할 일 목록을 떠올리면서 당황하는 대신 친구와 차를 마실 수 있다.

스스로 스케줄에 재량을 발휘할 수 있을 때 삶이 우리에게 선사하는 순간들을 즐길지 말지 선택할 수 있다. 때로는 그런 순간이 불시에 나타나기도 하지만 때로는 그런 순간을 예상할 수도 있다. 마치 우리가 한 친구의 종신 재직권 신청 결과를 기다리던 작년처럼 말이다. 길고 긴 과정 끝에 우리는 그가 곧 결과를 들을 것을 알고 있었다. 다행히 기쁜 소식이 들려왔다. 우리는 일정에 여유가 있음을 확인하고 샴페인을 사기 위해 와인 가게로 달려갔다. 그리고 샴페인을 들고 그의 집으로 가서 축하해 줬다. 일정에 빈 공간을 만들어 두지 않았다면 그를 직접 축하해 주지는 못했을 것이다.

삶에 여유를 두면 즉흥적으로 일어나는 일을 처리하기 위해 야단법석을 떨 필요가 없다. 이는 중요한 일의 마감 직전에 감기에 걸릴 경우를 대비해 미리 여분의 시간을 마련해 두는 것과 같은 이치다.

만약 집이 깨끗이 정리되어 있다면 불시에 방문하는 사람들을 환영하며 맞이할 수 있다(아니면 정돈하기 위해 모든 것을 빨래 바구니에 집어넣을 준비를 할 수도 있다). 만약 집안일이 다 되어 있다면(혹은 적어도 심하게 밀려 있지 않다면) 당신은 기회가 있을 때마다 친구들과 함께 뭔가 재미있는 일을 할 수 있다. 우리 가족은 우연히 친구들을 마주쳤을 때 점심 먹으러 우리 집으로 가자고 즉흥적으로 초대하곤 한다. 냉장고가 차 있고 할 일이 어느 정도 되어 있으면 인생에서 더 많은 즐거움을 누릴 공간이 생긴다.

일상에서 벗어나는 것은 특히 기억에 남는다. 그러니 적극적으로 해 보라. 몸을 기울여라. 아름다운 일몰을 언뜻 보게 되면 산책을 나가 더 자세히 볼 수도 있을 것이다. 어쩌면 날씨가 유난히 화창해서 집안일을 접고 공원으로 향할지도 모른다(아름답고 계절에 맞지 않게 따뜻한 날에는 종종 다 이런 이유로 도시의 모든 사람이 공원으로 몰려드는 것 같다). 물론 일상의 삶을 유지하기가 더 쉽다. 하지만 집에 있는 것은 기억에 남지 않는다.

## 기회를 헛되이 보내지 말고 활용하라

누구나 계획이 엉망이 되거나 일상이 흐트러지면 기분이 좋지 않다. 게다가 지나치게 생각을 많이 하는 사람들은 체계와 예측 가능성에 집착한다. 따라서 여유 있게 계획을 세워야 예상치 못한 일이 생겼을 때 당황하지 않고 처리할 수 있다.

예상치 못한 상황을 맞닥뜨리면 우리는 쉽게 얼어붙는다. 그러나 좋은 결론을 얻기 위해서는 불확실성 속으로 들어가야 한다. 기쁨은 반대편에 있고, 그곳으로 가는 유일한 방법은 불확실성의 한가운데를 가로질러 가는 것이다. 물론 이는 어려울 수 있다. 원치 않게 빙 돌아가는 길을 당신이 원하지 않을 수도 있다. 저항이 최소한인 길을 가는 것이 쉽기 때문이다. 그러나 즉흥적인 일은 현명하게 처리해야 한다. 그 기회를 헛되이 보내지 말고 이용하라.

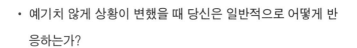

〈다음 단계〉

- 예기치 않게 상황이 변했을 때 당신은 일반적으로 어떻게 반응하는가?

- 최근 즉흥적으로 한 일은 무엇인가? 그것은 어떻게 됐는가?

- '실수' 때문에 특별한 순간을 경험한 적이 있는가? 그것은 무엇이었는가?

- 성공적으로 '그냥 뭘 고른' 적은 언제인가?

- 현재 자신의 삶에 예상치 못한 일에 대비하기 위한 여유가 있다고 느끼는가? 만약 그렇다면, 무엇이 작동하고 있는가? 만약 아니라면, 어떻게 그 여유를 만들 수 있는가?

알은 '의식은 숫자와 많이 닮았다'고 결론을 내렸다. 그것은 혼란스러울 수 있던 삶의 홍수에 위안이 되는 확실함을 선사했다. 그런데 그것은 그 이상이었다. 이런 의식들은 시간을 붙잡는 방법이었다. 시간을 동결하는 것이 아니라 오히려 반대로 상상력의 손길을 통해 시간을 따뜻하게 하는 것이었다.

— 에리카 바우어마이스터

제2장

# 의식의 놀라운 힘

우리 중 얼마나 많은 사람이 모닝커피로 하루를 시작하는가. 문을 뛰쳐나올 때 텀블러에 커피를 담아 직장이나 체육관 또는 버스 정류장으로 향하며 카페인을 목 안으로 밀어 넣을 것이다. 하지만 당신이 새로운 관행을 채택한다고 상상해 보라. 아마도 당신은 첫 한 모금의 풍미를 음미하기 위해 시간을 들이기로 결정할지도 모른다. 커피를 마시는 동안 당신은 감사한 몇 가지를 떠올리거나 그날 성취하려는 목표를 정할지도 모른다. 첫 번째 선택은 일상적인 것이지만, 두 번째 경우 의식은 음료만큼이나 중요하다.

다음과 같이 시작되는 장면을 상상해 보자. 당신의 아침은 수백만 명의 아침과 정확히 똑같이 시작된다.

당신은 침대에서 비틀거리며 나와 곧장 주방으로 향한다. 예전에는 주전자의 물이 스토브 위에서 끓기를 기다려야 했다. 하지만 마침내 당신은 눈여겨보던 전기 주전자를 구매했고, 그 전기 주전자는 당신이 깨어났을 때 뜨거운 물이 준비되도록 프로그래밍 되어 있는 것이다. 이런 추운 아침에 뜨거운 물은 당신을 침대에서 일어나게 하는 가장 강력한 동기가 된다. 몇 분 안에 바로 첫 커피를 마실 수 있다는 것을 알기 때문이다.

저울을 꺼내 커피콩 무게를 달아 그라인더에 넣는다. 그 소음이 먼저 귀를 때리고, 그다음 갓 갈아 낸 커피 향이 주방을 가득 채운다. 갓 갈아 낸 콩을 필터에 쏟아 넣으면 저울이 350그램 눈금을 향해 움직인다. 그 마법의 숫자가 정확하게 맞아떨어지는 것이 즐겁다.

예전에는 물이 끓는 몇 분 동안이라도 책을 읽으려 했지만, 이제 당신은 그렇게 하지 않는다. 당신은 정신없는 하루가 시작되기 전, 최소한 첫 커피를 마실 때만이라도 여기서 지금 일어나는 일에 집중하는 것이 맘에 든다. 그래서 당신은 필터 안에서 커피가 피어나는 것을 보고, 커피가 컵으로 떨어지는 소리를 듣고, 향이 어떻게 변하는지를 관찰하며 커피를 내린다.

당신은 몇 개의 머그잔을 번갈아 썼지만, 오늘 아침에는 깨끗한 모습으로 선반에서 당신을 기다리고 있던, 당신이 가장 좋아하는 머그잔을 집어 든다. 당신은 커피를 따르며 그것이 머그잔 안에서 튀는 소리를 즐긴다.

갓 내린 커피와 일기장, 읽을거리를 들고 의자에 앉는다. 당신은 좋은 커피의 선물에 감사하며 첫 한 모금을 음미하고 나서 책을 집어 든다. 당신은 현재 파커 파머의 책을 읽고 있다. 몇 챕터만 더 읽으면 된다. 당신은 한가로이 다음에 무엇을 읽을지 생각해 본다. 아마도 당신이 계속 사 두지만 읽지 않는 시집 중 하나를 읽을 수도 있다. 아침에 읽는 몇 편의 시가 그날의 분위기를 결정하는 데 안성맞춤일지도 모른다. 그러나 지금은 그런 생각을 할 때가 아니니 그 생각을 떨쳐 버리고 파머 책을 집어 든다.

읽던 챕터가 짧아서 다음 챕터도 읽어 나간다. 시간이 있다. 마치 지금은 시간밖에 가진 것이 없는 듯싶다. 커피를 반쯤 마시고 나면 일기장을 펼쳐 어젯밤에 써 둔 오늘의 할 일 목록을 살펴본다. 이제 정신을 차렸고 중심을 잡았다고 느끼니 오늘이 어떤 날인지 살필 준비가 된 것이다.

커피 한잔으로 하루를 시작할 수 있다. 또는 매일의 정해진 일상을 하나의 의식으로 바꿀 수도 있다. 자신이 누구인지, 어떤 것에 가치를 두는지, 그리고 어떤 것을 성취하길 원하는지 떠올리게 하는 그런 일상 말이다.

## 정해진 일상을 의식으로 바꾸기

언뜻 보기에 정해진 일상과 의식은 공통점이 많아 보인다. 둘 사이의 차이는 행위가 아니라 그 뒤의 태도에 있다. 정해진 일상은 편의를 위해 행해진다. 그러나 의식은 종교적 의례에 관한 것들을 설명하는 라틴어에서 유래했는데, 그것에 내포된 의미는 여전히 사용되고 있다. 이 단어는 사람이 습관적으로 그리고 지속적으로, 거의 종교적으로 행하는 행동을 가리킬 수 있다. 의식은 우리가 더 큰 목적을 염두에 두고 하는 것이다.

사물을 생각하는 방식은 사물을 경험하는 방식을 바꾼다. 이것은 의식에도 해당된다. 우리는 의식의 힘과 즐거움을 경험하기 위해 별도의 식이나 특별한 행사가 필요하지 않다. 의식은 규칙적으로 행해질 수 있고, 사소한 일을 중심으로 만들어질 수 있다. 그 모닝커피는 습관적인(징해진 일상) 것이지만, 동시에 의미 있는(의식) 것이 될 수도 있다. 그리고 나는 단순히 카페인에 관해서만 말하는 것이 아니다.

정해진 일상을 의식으로 격상시키는 일이 꼭 어려울 필요는 없다. 주말 아침에 단순히 규칙적으로 언니에게 전화를 걸 수도 있다. 아니면 토요일 아침 당신이 좋아하는 의자에 앉아 그녀에게 전화해서 그날 아침 당신의 마음에 걸리는 것뿐만 아니라 그 주의 좋았던 일들, 다가올 주에 대한 희망, 그리고 당신의 부모님, 일에 대한 걱정을 나누는 시간으로 정할 수도 있다. 하나는 일상이고, 다른 하나는 의식이라고 할 수 있다.

당신은 힘든 한 주를 보낸 후 지쳐서 저녁 식사를 생각할 여유조차 없기에 금요일 밤에는 으레 피자를 주문할지도 모른다. 혹은 금요일 피자 파티가 하나의 의식이 될 수도 있다. 한 주의 근무가 끝나면 음악을 틀어 놓고 와인 한 병을 따고 즐거운 마음으로 반죽을 밀어 편 뒤, 피자가 구워지는 동안 샐러드를 섞으며 주말을 환영한다. 당신은 또한 즐거운 마음으로 피자를 주문할 수도 있다. 그것을 의식으로 만드는 것은 피자가 아니라 그 뒤의 태도다.

어떤 일을 의식의 단계로 끌어올리는 데 많은 것이 필요하지는 않다. 모두 당신이 그것에 접근하는 방식에 달려 있다. 내 친구는 따뜻한 애리조나주를 벗어나 눈 내리는 유타주로 떠났는데, 그녀의 가족은 새로운 겨울 기후에 적응하는 데 애를 써야 했다. 그래서 그들은 매년 따뜻한 곳으로 여행을 가기로 결정했다. 그리고 그들은 한 가지 더 중요한 일을 했다. 그 여행에 숨어 있는 목적을 상기하기 위해 그 여행에 '겨울 탈출 여행'이라는 이름을 붙였다. 이 간단한 행동으로 여행은 목적이 더욱 명확해지고 중요해졌다. 그 이름은 모두에게 왜 그들이 그 여행을 가는지, 왜 그것이 필요한지, 그것이 그들에게 어떤 의미인지, 그리고 가족으로서 자신들이 누구인지를 떠올리게 했다. 그 이름은 그들이 여행을 생각하는 방식을, 또 그들 스스로를 생각하는 방식을 변화시켰다.

일관성이 핵심이지만 의식의 형태는 다양할 수 있다. 의식은 자연의 계절이든 인생의 계절이든 계절에 따라 변할 수 있다. 차가운 물로 시작하는 이른 아침은 추운 겨울에는 고역일지 모르나 7월의 더위에는 필수적이다. 휴식을 위한 오후의 차 한잔은 계절이 변함에 따라 얼음 음료 한잔이 될 수도 있다. 우리는 필요에 따라 세부 사항을 수정하면서 의식에 의존할 수 있다.

# 의식의 힘

모두에게 맞아떨어지는 의식은 없다. 친구에게는 아주 좋은 의식이 당신의 구미에는 맞지 않을 수 있으며, 그렇다 하더라도 문제 될 것은 없다. 의식의 힘은 모닝커피나 피자 혹은 타자가 타석에서 공이 오기 전에 행운의 의미로 홈 베이스를 네 번 두드리는 행동에 있는 것이 아니다. 의식이 무엇인지는 크게 중요하지 않다.[1] 의식이라면 어떤 종류든 특정한 마음가짐을 갖게 하는데, 이 점이 의식이 별로 중요하지 않다고 주장하는 사람에게도 도움이 되는 이유다.

어떤 의식이 우리에게 효과가 있을 때 우리가 그것에 주의를 기울일 필요는 없지만, 의식은 우리가 하고 있는 일에 전적으로 참여할 것을 요구한다. 비록 그것이 차 한잔을 음미하는 것처럼 간단한 일이라도 말이다. 구체적인 행동은 중요하지 않지만, 그 리듬과 규칙성, 의미는 중요하다. 우리는 의식을 행할 때 목적을 가지고 인생을 살 수 있으며, 여러 경험을 생생하면서도 우리를 지탱해 주는 리듬으로 만나기도 한다.

## 의식은 마음 비우기를 돕는다

정해진 일상은 무의식적으로 따를 수 있지만, 의식은 그렇게 할 수 없다. 의식은 일상의 리듬과 집중된 주의력을 결합시켜 과도한 생각을 막는다. 우리가 그 순간에 집중하면 과하게 생각하는 것이 어렵다. 의식은 또한 우리에게 속도를 늦추도록 강요한다. 그리고 우리가 고의로 몸을 천천히 움직이면 마음도 느려진다.

의식을 행하는 동안 우리가 무엇을 생각하는지는 중요하지 않다. 중요한 것은 우리가 생각하고 있지 않은 모든 것이다. 마음은 바로 앞에 있는 것에 집중되어 있다. 날이 갈수록 우리는 길을 헤매게 될 것인가? 물론 그럴 것이다. 하지만 맞는 방향을 설정한다면 훨씬 덜 헤맬 것이다.

알맞은 아침 의식은 우리가 의도적으로 어떤 태도를 가지고 하루를 시작하게 한다. 의미를 부여하며 커피를 마시고, 감사를 실천하고, 일기를 쓰는 것으로 시작한다면, 우리는 마음속에 큰 그림을 새긴 채 차분하고 정신이 집중된 마음으로 하루를 시작할 준비가 되었다는 결론을 내릴 것이다. 이 이른 아침 의식은 하루의 틀을 짜고 정신을 집중시키는데, 이것은 지나친 생각을 피하고자 하는 사람들을 위한 귀중한 관행이 된다. 우리는 마음이 급하거나 조마조마하지 않다. 우리의 정신은 바로 그 순간에 있을 것이다. 의식적으로 주의를 집중하지 않는다면, 우리의 정신은 자기 마음대로 방황할 것이고 이는 꽤 무서운 일이다.

경고를 한마디 하자면, 무심코 잘못된 것에 주의를 집중시키는 의식을 택할지도 모르는데, 이는 과한 생각을 부채질한다. 아마도 당신의 아침 의식에는 모닝커피를 마시는 동안 뉴스 사이트를 훑어보는 일이 포함될 것이다. 의도는 좋다. 당신은 정보에 밝은 시민이 되는 것을 중시하고 어떤 시사 문제가 있는지 알고 하루를 시작하고 싶을 것이다. 하지만 그러다 보면 헤드라인 뉴스에 마음을 졸이게 된다.

만약 당신이 이 아침 의식으로 인해 스트레스를 받거나 주의가 산만해진 채 하루를 시작하게 된다면, 평화로운 읽을거리를 보는 것이 낫다. 정신이 맑아지는 종류가 좋다.

아침 의식이 하루의 분위기를 정한다. 따라서 과한 생각을 하게 만들어 의식이 본디 선사하는 의미와 평화를 앗아가는 종류의 의식은 피해야 한다.

## 의식은 리셋을 돕는다

필연적으로 우리의 정신은 하루 종일 방황하는데, 의식은 우리의 생각을 원래 자리로 부드럽게 되돌려 놓는다. 여러 해 동안 나는 거의 종교적일 정도로 오후 2시의 의식을 따랐다. 나의 이 독특한 한낮 휴식에 관해 언급할 때마다 사람들은 호기심을 갖고 자세히 물었다.

그 시절, 나는 최대한 빠르게 일하면서 아침 시간을 보내곤 했다. 나의 정신적·육체적 에너지는 당연하게도 오후가 되면 점점 고갈돼 갔고, 2시쯤에는 몹시 지친 상태가 됐다.

나는 컴퓨터를 끄고 커피를 만든 다음 책을 집어 들어 15분 동안 읽곤 했다. 그런 다음 남은 하루 동안 해야 할 일을 검토하고 다시 일을 시작하기 전 우선순위를 재설정했다. 이 시점까지 나의 하루가 불균형하고 통제할 수 없는 것처럼 느껴졌더라도 이 짧은 사치가 나에게 균형감과 통제력을 선사했다.

이 의식은 정지 신호, 안전장치, 그리고 과도한 생각에서 자유로운 휴식의 섬 역할을 했는데, 이 섬에서 니는 다시 시작할 수 있었다. 내 정신이 궤도를 이탈해 아무리 멀리 떠돌고 있더라도 오후 2시가 되면 나는 리셋 버튼을 눌렸다. 20분 남짓의 한낮 휴식을 마칠 즈음에는 기분이 상쾌해지면서 남은 하루를 의미 있게 보낼 준비가 되었다. 피곤하거나 마음이 초조할 때 오후 2시의 리셋을 떠올리면 다시 의욕이 생겼다.

나의 오후 2시 의식에 대해 블로그에 올린 적이 있는데, 수년에 걸쳐 많은 독자가 자신들의 오후 의식에 관한 글을 보내 주었다. 그 패턴이 아주 인상적이었다. 독자들의 효과적인 한낮 리셋에는 즐거움(나의 커피나 독서처럼)과 우선순위 설정, 그리고 걷기(많은 독자가 맑은 공기를 마시며 빨리 걷기 또는 달리기의 효능을 입증했다) 등이 있었다.

자신만의 의식을 갖고 싶은데 어떻게 시작해야 할지 모르겠다면 이런 내용을 참고하면 좋을 듯싶다. 다시 말하건대, 의식이 무엇인지는 별로 중요하지 않다. 일관되게 그것을 실행하는 게 중요하다.

## 저녁 의식은 양질의 수면에 도움이 된다

취침 시간만큼이나 지나치게 생각을 많이 하는 시간도 없다. 우리는 침대에 누워 하루 동안 있던 일을 생각하고, 다르게 할 수 있던 일을 또 생각하고, 내일은 무슨 일이 일어날지 초조해한다.

취침 시간은 의식의 힘을 이용하기에 좋다. 몸을 푹 쉴 수 있는 상태로 이끌어 평화롭게 보낼 수 있다. 규칙적이고 질 좋은 수면은 지나친 생각을 하지 않는 데 필수적이기 때문에 아침에도 과한 생각을 하지 않게 해 준다.

많은 사람이 침대에 누워 조용한 음악을 듣거나 스트레칭을 하거나 침대 옆에 둔 일기장에 글을 쓴다. 나는 자기 전 주방에서 하루를 마무리한다. 다음 날 아침 식사를 무엇으로 할지 정하면 제시간에 잠드는 것이 수월하기 때문이다. 아침에 켤 초를 골라 두고, 일어났을 때 물이 따뜻하도록 주전자 타이머를 맞춘다. 마지막 일과는 불을 끄기 전 재미있는 소설을 몇 장 읽는 것이다. 단, 아주 늦게까지 자지 않고 읽게 될 테니 스릴러물은 안 된다. 자기 전에 소설을 읽으면 내 걱정거리 대신 주인공의 문제를 생각하며 잠들 수 있어서 좋다.

## 의식은 우리를 연결해 준다

끈끈한 관계는 우리에게 많은 도움이 되는데, 의식은 그런 관계를 형성하기에 아주 좋은 방법이다. 종교적일 정도로 꼬박꼬박 하는 커피 데이트, 함께하는 것을 기념하는 친구들과의 저녁 모임, 평일 저녁 가족과의 식사처럼 단순한 것도 의식일 수 있다. 가족의 저녁 식사에 대한 많은 연구가 진행되었는데 그 결과는 가히 엄청나다.[2] 이 간단한 의식은 아이들의 정서적 안정을 향상시키고, 그들의 정체성, 자신감, 그리고 소속감을 드높여 주며, 쉽게 굴하지 않는 마음을 강화해 준다. 그들이 세상으로 모험을 떠나는 데(아니면 사실을 직시해서 자기 마음속의 동굴로 모험을 떠나는 데) 강력한 기반이 되는 속성들 말이다. 이 강력한 기반은 변화나 심한 스트레스를 겪는 시기에 특히 도움이 된다.

식사 시간이 특별할 필요는 없다. 중요한 것은 타인과 모였을 때 일어나는 일들이다. 물론 음식이 사람들이 모이는 데 동기 부여가 되는 것은 사실이다. 우리 엄마는 증조할머니가 손주들과 끈끈한 관계를 유지한 것은 한평생 토요일 아침 식사에 온 가족을 초대한 덕이라고 확신한다. 손주들이 온다고 하면 할머니는 어김없이 요리를 했다. 음식이 없었다면 그들은 그다지 올 마음이 없었을지도 모른다 (당시 손주 대부분 10대 소년이었는데, 증조할머니가 아침 식탁에서 의식을 치른 것은 우연이 아니라고 했다). 하지만 중요한 것은 음식이 아니라 공동체 의식, 대화, 함께하는 것에 대한 헌신 등 그 식탁에서 일어난 일이었다.

우리의 친구 데이브와 아만다는 작년에 이스라엘을 여행하면서 그곳 유대인들이 행하는 샤바트 의식을 목격했다. 온 공동체는 금요일 일몰 시각부터 토요일 저녁 하늘에 별 3개가 나타날 때까지 매주 안식일을 갖는 것을 준수했다. 친구들은 유대인이 아니었지만, 그들을 초대한 유대인 가족은 집에 돌아가서도 이 의식을 시도해 보라고 권했다. 이 의식이 세상을 보는 두 사람의 관점을 변화시키는지 관찰하며 말이다. 그들은 시도해 봤고 실제로 변화가 있었다.

데이브와 아만다는 샤바트에서 영감을 받은 그들의 의식을 위해 총력을 기울였다(내가 "그럴 줄 알았어"라고 아만다에게 말하자 그녀는 웃으며 "데이브는 하다가 그만두는 법이 없지"라고 대꾸했다). 그들의 새로운 의식은 특별한 식사, 짧은 기도문 낭독, 잦은 손님의 방문, 그리고 텔레비전 보지 않기와 같은 엄격한 규칙으로 이루어져 있었다. 데이브와 아만다가 우리 가족을 저녁 식사에 초대했다. 우리는 와인을 한 병 들고 금요일 밤에 그들을 찾아갔다. 데이브는 거의 매주 똑같이 하는 그의 유명한 닭 요리를 그릴에 올려 두었다. 우리는 데이브가 정해 둔 기도문을 낭독한 뒤 촛불을 켜고 저녁을 먹은 다음 집 뒤 덱에 앉아 저녁 시간을 보냈다.

의식의 혜택을 경험하기 위해 데이브처럼 전력을 기울일 필요는 없다. 식탁을 차리고, 초를 켜 두고, 가운데에 꽃을 놓고, 친구 혹은 가족과 함께 보내는 시간에 대한 감사의 말을 하는 등 그 자리를 아주 소중하게 여긴다는 신호를 줌으로써 단순한 식사나 모임 자리를 의식으로 격상시키면 된다. 총력을 기울여 이 네 가지를 다 할 수도 있다. 그러나 중요한 것은 겉치레가 아니라 함께하는 사람이다.

## 단순한 의식으로 시작해도 된다

의식은 집중을 유도함으로써 또 필요하다면 과한 생각을 제자리에 멈추게 함으로써 우리가 지나친 생각을 하지 않게끔 돕는다. 그런데 의식 수행의 이점은 시간이 흐름에 따라 축적되기 때문에 의식은 장기적인 관점에서 과다한 생각을 멈추는 데도 도움이 된다. 규칙적인 의식 수행이 우리의 일상에 리듬과 의미를 선사하기 때문이다.

의식은 또한 우리의 정체성을 강화하고 우리에게 안정감을 가져다주기도 한다. 의식이 단순히 우리가 하는 일이 아니라 우리가 선택하는 것이기 때문이다. 의식은 우리의 우선순위, 건강, 그리고 우리의 관계를 지탱하게 해 준다. 그래서 우리의 작은 세상을 더 좋고 평화로운 곳으로 만들어 준다. 기반이 튼튼하고 건강할 때 우리는 과다한 생각을 덜 하게 된다. 사람들과 연결되어 있고 지지를 받는다고 느끼면 덜 허둥대기 때문이다.

의식의 힘을 받아들이고 싶다면 완벽한 것을 찾는 데 중점을 둘 필요는 없다. 단순한 것으로 시삭해 그 혜택을 누리면서 더 많은 의식을 삶의 일부로 포함하는 것을 목표로 하면 된다.

## 〈다음 단계〉

- 현재 어떤 의식에 의존하고 있는가?

- 실행해 보고자 하는 의식이 있는가? 그것들은 무엇인가?

- 의식으로 격상시킬 만한 정해진 일상이 있는가? 그렇게 하기 위해 어떤 변화를 꾀해야 하는가?

"기분이 좋아지는 행동을 한 적이 한 번도 없단 말이에요?"

비서가 어깨를 수그렸다.

"아가씨, 파리에서 시간을 조금 더 보내셔야겠네요."

— 조조 모예스

제3장

# 과소비할 권리

이토록 내 의욕을 꺾어 놓은 이메일은 없었다. 내 이름으로 된 6명의 예약을 확인해 주는 메일이었다. 이 레스토랑은 극장처럼 되어 있어서 공연을 볼 수 있는 좌석만 판매한다. 환불이 불가능한 예약제인데 인기가 하늘을 찌른다. 월과 나는 몇 달 전 예약을 시도했다. 당시에는 그게 좋은 생각인 것 같았다. 그런데 예약이 되었다는 이메일을 읽는 순간, 나는 고작 이런 경험을 위해 그 많은 돈을 썼다는 사실이 믿을 수 없었다. 대체 무슨 생각이었지? 물음표가 머릿속에 떠올랐다. 왜 우리는 이 공연을 제대로 감상할 수 있는지 없는지도 모를 아이들을 위해 한 끼 저녁 식사로 이토록 큰 지출을 했을까?

언젠가 윌과 단둘이 시카고의 레스토랑을 방문한 적이 있다. 둘이서 무언가 축하할 일이 있었다. 그날 밤은 정말 특별했고, 음식을 먹은 첫 느낌부터 마지막 느낌까지 생생히 기억에 남아 있었다. 음식은 놀라울 정도로 맛있고 자극적이고 특별했다. 마치 모든 게 연극의 한 장면과 같았다. 남편과 나는 식사를 하며 "아이들도 오면 정말 좋아할 거 같아. 같이 오면 정말 재미있지 않을까?" 하는 이야기를 나누었다. 그리고 언젠가 우리 가족 6명이 다 같이 이 레스토랑을 다시 방문하자는 의논을 계속 이어 나갔다.

기억에 남을 만한 식사를 한 지 2년이 지났을 무렵, 우리는 그 레스토랑을 다시 방문하기로 했다. 남편과 함께 소파에 앉아 드라마 〈팍스 앤 레크리에이션(Parks and Recreation)〉을 보는데, 남편은 내내 전화기만 만지작거렸다. 그러던 어느 순간 남편이 말했다.

"자기야, 정말 그 레스토랑에 다 같이 가고 싶어? 현충일 주말에 6명 자리가 있어."

마침 우리는 그 주말에 시카고에서 대학교 동창 모임을 하기로 되어 있었다. 하루 정도는 시간을 내서 다 같이 저녁을 먹으러 가면 좋을 듯했다. 재미있는 시간이 되지 않을까?

예약석은 몇 시간 뒤면 놓칠 것이었다. 정말 그 레스토랑을 다시 방문하고 싶다면 빨리 예약을 해야 했다. 이미 지난 몇 년간 계속 이야기하던 중이라 우리는 예약을 하기로 마음먹었다. 윌이 체크카드를 손에 들고 6명짜리 좌석을 예약했다.

그리고 그 후 몇 달간 나는 예약을 했다는 사실을 까맣게 잊어버렸다. 나의 마음은 그보다 더 바쁜 현재에 집중되어 있었다. 그때 바로 문제의 이메일이 도착했다. 예약을 확인하는 간단한 메시지였다. 멋진 경험을 위해 여유를 부려야 할 텐데 뒤늦은 충격이 몰려들었다. 대체 우리가 무슨 짓을 한 거야? 되돌릴 방법은 없는 걸까? 나의 두뇌는 환불 가능성을 찾아다녔다. 돌이킬 수 없는 것을 돌이켜 보려 했고, 이미 지불한 티켓 값을 환불할 방법을 생각하려고 애썼다. 어떻게 해야 할까? 그때의 나는 정말 그 예약을 원했을까?

나는 계속해서 아이들을 떠올렸다. 예약하면서 아이들에게 동의를 구하지 않았다는 사실도 깨달았다. 아이들은 분명 즐겁게 또 예의 바르게 식사를 할 거라고 생각하면서도 한편으로는 정말 그럴지 의구심이 들기도 했다. 나는 작년에 그 레스토랑을 검색하면서 보모를 구하지 못해 아기를 데려온 어느 부모가 주방장에게 질책을 당했다는 일화를 읽기도 했다. 레스토랑에 전화해서 우리 상황을 설명하는 것이 유일한 탈출구 같았다.

나는 점점 더 불안해했고, 윌은 그런 나를 지켜보았다.

"대체 뭐가 문제야?"

남편이 물었다. 그가 다정한 말투로 정곡을 찔렀다.

"우리 둘 다 좋다고 했잖아. 둘 다 기대했잖아. 대체 뭐가 달라진 건데?"

나는 내 변덕을 설명하려고 안간힘을 썼다.

"나도 기대돼. 멋진 저녁이 될 거야. 아이들도 아마 오래도록 기억할 만한 추억을 얻을 테고. 근데 그러기에는 가격이 너무 비싸. 그게 좀 불편해. 이게 정말 옳은 일인지 의문이 든단 말이야."

## 때론 사치를 부려도 된다

무언가를 물 쓰듯 쓰는 일은 본질적으로 평범한 일상을 뛰어넘는 경험이다. 그리고 그것은 대부분 돈과 관련되어 있다. 무언가를 일반적으로는 절대 쓰지 않는 방식으로 자유롭게, 사치스럽게 쓰는 것이다. 사치란 사실 보는 사람의 생각에 달린 주관적인 개념이다. 사치는 본인이 결정하는 것이다.

우리가 흔히 말하는 사치는 충동적인 구매나 시간을 헛되이 보내는 것 혹은 항상 분에 넘치게 큰돈을 쓰는 것을 의미하지는 않는다. 내가 가진 자원을 전략적으로 쓰는 것을 의미한다. 무언가를 과소비할 수도 있고 경제적으로 책임을 질 수도 있다. 그런 행동에 걸맞은 개인만의 원칙과 소비가 가능한 재정적 여유만 있다면 말이다(물론 돈을 쓰지 않고도 사치는 가능한데, 이와 관련해서는 나중에 조금 더 자세히 말해 보고자 한다).

나는 사치를 부리는 것을 좋아하지만 어린 시절부터 검소하게 살아야 한다는 교육을 받아서인지 실제로 행동하는 데에는 다소 어려움을 겪는다. 그리고 이것이 나에게만 국한된 문제가 아니라는 사실도 잘 알고 있다. 사치를 부려도 될 만한 상황이라는 것은 어떻게 알 수 있을까?

## 특별한 경험은 비싼 법

레스토랑에서 보낸 이메일을 열어 본 나는 일반적으로 내가 쓰는 비용 편익 분석에 따라 가격을 계산해 보고자 했다. 시간당, 아니 1분당 써야 하는 비용을 계산해 보니 우리가 그날 밤 하루를 위해 써야 하는 돈은 고작 멋진 사진한 장과 기억에 남을 만한 식사 한 끼 값이라는 것을 깨달았다. 당연히 말이 되지 않는 비용이었고 보통의 방식으로는 예약을 하지 말아야 했다. 나는 우리가 돈을 낭비하는게 아닌가 하는 의심이 들었다.

윌은 천성적으로 현명한 소비를 하는 사람인데 예약 확인 메일을 보여 주었을 때 전혀 놀라지 않았다.

"말이 되는 금액인데? 우리는 재미있는 시간을 보낼 거고, 아이들도 식사와 공연을 즐길 수 있을 만큼 나이가 들었어. 이 정도 가격이면 그만한 가치가 있다고 봐."

그러면서 이렇게 덧붙였다.

"기억나? 우리 다 같이 빌트모어 대저택(미국 노스캐롤라이나주에 위치한 미국의 대부호 밴더빌트 가문의 대저택—역주)에 갔을 때 말이야."

물론 나도 기억하고 있었다. 바로 그 전 해에 애슈빌에서 책 사인회가 예정되어 있었다. 주말이 겹쳐서 가족을 모두데리고 갔다. 서점에서는 고맙게도 나의 방문 일정을 성수기로 잡아 주었다. 단풍이 화려하게 물든 온화하고 멋진가을 주말이었다.

우리는 주말 계획을 따로 세우지 않았다. 등산을 하고 맛있는 걸 먹고 서점에 가고 싶었을 뿐이다. 그런데 첫날 밤 호텔에 투숙해서 그곳이 빌트모어 대저택에서 그다지 멀지 않다는 사실을 깨달았다. 밴더빌트 가문의 웅장한 프랑스 르네상스 스타일의 건축물이 블루리지산맥에 자리 잡고 있었다. 비톨드 립친스키의 매혹적인 저서 《멀리서 바라본 공터(A Clearing in the Distance)》에서 그곳에 대해 읽은 후 나는 내 두 눈으로 그 부지를 보고 싶었다.

월과 나는 조사를 시작했다. 그곳에서 가까웠고, 시간적으로도 여유가 있었다. 쉽게 표를 구해 방문할 수도 있었다. 하지만 꽤 비싼 입장료가 우리를 주저하게 만들었다. 아이들은 역사적인 저택을 방문하는 것에 익숙하지 않았고, 아이들이 그 저택을 온전히 감상할 수 있으리란 확신도 없었다. 돈을 낭비하고 싶지 않았다. 그러니 어떻게 쉽게 결정을 내릴 수 있었겠는가.

그러는 사이 월은 우리의 갈팡질팡한 마음이 잘 담겨 있는 기사 하나를 기억해 냈다. 여행의 경제성에 관한 간단한 사실, 즉 한 지역의 커다란 목적지 또는 대표적인 경험에는 종종 비싼 가격표가 붙으며 이렇게 비싼 가격에 충격을 받았을 때는 그 사실을 명심하는 게 도움이 된다고 했다. 정당한 이유 때문에 비싸고, 그럴 만한 가치가 있는 곳도 있다는 것이다(물론 동물원의 6달러짜리 물 한 병이나 끔찍하게 맛없는 공항 커피를 누구도 기분 좋은 사치라고 여기지는 않는다). 그런 점에서 빌트모어 대저택은 의심할 여지 없는 대표적인 경험이었다. 우리가 쓴 돈은 평소의 수준을 넘어섰지만, 그 경험은 그럴 만한 가치가 있어 보였다.

나는 가족끼리의 추억을 만드는 것을 중요하게 여겼기 때문에 고민을 억누른 채 다음 날 6장의 표를 구매했다.

그날 밤 서점에서 독자들이 이 도시를 방문한 김에 빌트모어를 방문하겠느냐고 물어 왔다. 나는 그곳에 가는 걸 주저했지만 표를 샀다고 말했다. 사람들은 대저택이야말로 방문할 가치가 있으며 후회하지 않을 거라고 거듭 강조했다.

그리고 그들이 옳았다. 아이들은 한 번도 경험해 보지 못한 규모의 대저택에 감탄했고, 부지 탐험을 즐겼다. 게다가 그 집은 이미 크리스마스에 맞게 꾸며져 있었다. 지역에 대한 오디오 투어는 우리가 보고 있는 것이 무엇인지, 그리고 이 집이 어떻게 단순한 저택이 아니라 역사의 일부분이 되었는지를 이해하는 데 도움을 주었다. 빌트모어 숲의 단풍을 바라보는 체험은 내가 가장 좋아한 부분이었다.

직접 두 눈으로 보고 나니 왜 많은 사람이 이곳을 꼭 봐야 할 명소로 여기는지 알 수 있었다.

명소 등 많은 사람이 즐기는 곳을 방문하는 것은 종종 비용이 많이 들고 때로는 마음이 쓰라릴 정도로 비싼 경우도 있다. 그러나 월이 상기시켜 주었듯이 우리가 빌트모어에서 유일하게 후회한 것은 더 많은 시간을 할애하지 않은 점이었다. 월은 또한 우리가 친숙한 동네를 벗어나 보낸 다른 시간을 회상하며 다양한 예를 들었다. 시카고의 야구 경기장 리글리 필드, 뉴욕의 엠파이어 스테이트 빌딩, 호주의 해밀턴 같은 곳은 분명 우리에게 익숙하지 않았지만 기꺼이 즐겁게 보낸 곳들이었다. 이런 곳을 경험할 수 있는 값싼 방법은 없었다. 비용은 비쌌지만 그럴 만한 가치가 있었다. 우리에게는 그 효용을 증명할 기억이 있었다.

"이번 저녁 식사도 특별한 경험이라고 할 수 있지 않을까?"

남편이 물었다.

그가 말하고자 하는 요점이 무엇인지 알 수 있었다. 이 경험이 제공할 좋은 것들을 받아들이는 대신 나는 그저 벗어나고자 했다. 하지만 만약 내가 계산법을 바꾸어 이 사치로 정말 얻을 수 있는 것들에 집중했다면 불안감도 줄일 수 있었을 것이다.

## 과소비에 그만한 가치가 있는지 따져 볼 것

많은 사람이 돈과 관련된 지나친 고민이 결정으로 이어지지 않아 어려움을 겪는다. 보편적이지 않은 지출에 관한 명확한 사고방식을 확립하기 위해 애를 쓰고 있기 때문일까?

나는 과소비를 고려할 때마다 후회할 일을 하는 것은 아닐까 두려워하는 경우가 많다. 여유가 없거나 돈을 쓰고 싶지 않아서가 아니라 내 성격에 맞지 않기 때문이다. 그러나 남편이 지적한 대로 내가 평소보다 더 큰 비용을 지불한다고 해서 나에게 즐거움을 가져다주는 일을 하지 않는 것도 후회가 될 것이다. 어쩌면 우리의 일상적인 계산에 따르면 덧없는 경험에 과소비를 하는 것이 이치에 맞지 않을 수도 있다. 하지만 사실 소비란 것은 특이한 상황이기도 하다. 그렇다면 어떻게 해야 그 특이함을 인정할 수 있을까?

과거의 소비를 돌이켜 보면 나는 소비를 1분당 지불해야 하는 계산법이 아니라 기억으로 마음에 남겼다. 그리고 그 지울 수 없는 순간들이 내 마음속에 자리하고 있다. 나의 아이들은 아직도 빌트모어와 시카고 컵스의 리글리 필드를 이야기하곤 한다. 윌과 내가 극장처럼 생긴 레스토랑을 방문한 것도 마음속에 기억으로 남아 있다. 물론 비용을 줄이기 위해 포기할 수도 있었지만 그런 추억을 포기하지 않아 다행이라고 생각한다.

내가 이렇게 평범하지 않은 경험으로부터 무언가를 얻었는지 생각하다 보면 어린 시절 친구가 떠오른다. 그는 어린 시절의 행복한 기억은 모두 같은 말로 시작되었다고 말했다.

"물 쓰듯 써 보자."

어머니 입에서 이 말이 나오면 곧 온 가족이 결코 잊을 수 없는 행복한 경험을 했다고 한다.

토머스 길로비치와 아미트 쿠마르는 사람들이 물질적인 상품이나 경험 등에 돈을 쓸 때 어느 쪽에서 더 많은 행복을 얻는지에 대해 연구했다. 연구 결과 경험이 승자였다. 이는 경험이 물질적인 재화보다 우리에게 훨씬 더 큰 영향을 준다는 의미다. 두 학자는 "매우 현실적인 측면에서 인간은 경험의 총체로 구성된다"라고 했다.[1]

시간이 오래 지난 후에도 경험은 우리가 소중히 여기는 추억이 될 뿐만 아니라 타인과 공유할 수 있다. 이와 관련해 길로비치는 다음과 같이 말했다.

"우리는 타인과 함께 경험을 소비한다. 그리고 경험은 사라진 후에도 서로 이야기를 나누는 일부분이 된다."

따라서 소비에 관한 고민에 빠지면 스스로에게 물어보자. '그 돈을 씀으로써 우리가 정말 무언가를 살 수 있는가? 내가 이 경험을 통해 얻고자 하는 것은 무엇인가? 투자를 해서 나에게 돌아오는 이익은 무엇인가?'

인생은 경험의 연속이다. 경험하는 데 드는 비용이 값비쌀지 몰라도 그 기억은 결코 값으로 매길 수 없다.

## 돈만 가치가 있는 것은 아니다

다행히 모든 소비에 큰돈이 필요한 것은 아니다. 때로는 적은 지출이 기분 좋게 느껴지기도 한다. 내가 아이들과 함께한 경험 중 가장 좋은 기억은 첫 여행지인 뉴욕에서 마지막 밤을 위해 저녁 무렵 아이들이 원하는 것을 선택하게 한 일이었다.

아이들은 카페테리아 스타일의 식당을 골랐다. 진열된 음식을 골라 접시에 담은 뒤 계산하는 방식의 식당이었다. 흔히 말하는 '뉴욕의 베스트' 식당은 아니었다. 식당으로 들어선 우리는 마음껏 골랐다. 냉장고에서 원하는 음료도 하나씩 꺼냈다. 우리 집에서는 식사할 때 항상 물을 마시기 때문에 탄산음료는 어울리지 않았지만, 아이들은 당연히 좋아했다. 음료를 모두 고르자 총 8달러가 나왔다. 하지만 돈이 가치를 결정하는 유일한 것은 아니었다. 아이들은 흔치 않은 기회에 감사했고 '놀라운' 저녁 식사에 관해 오래도록 떠들었다.

때때로 '지출'은 돈이 아니라 다른 무엇이다.

내 사촌은 서부 해안의 작은 마을에 산다. 어린 시절에는 사촌과 꽤 친하게 지냈지만 요즘에는 자주 보기 어렵다. 그곳까지 가려면 비행기를 세 번이나 갈아타야 하기 때문이다. 그런 그녀의 가족이 일주일간 우리 도시를 방문하겠다고 했다. 소식을 듣고 우리 마음은 두둥실 떠올라 달나라까지 날아갔다.

사촌 가족이 마지막 날 하루를 우리 집에서 머물기로 했다. 금요일 밤에는 언제나 피자를 시켜 먹었기에 우리는 어린아이가 있는 사촌 가족에 맞추어 피자를 일찍 주문했다. 이른 저녁 식사 후 집 안 청소를 하다가 잠깐 이메일을 확인하고자 휴대폰을 찾았다. 거의 하루 종일 외출했다가 돌아왔으므로 주말 전 처리할 일이 있는지 확인하고 싶어서였다. 모든 게 완벽해 보였는데 느닷없이 메시지 하나가

눈에 띄었다.

1년이 넘도록 윌과 나는 동네의 새로운 가게가 문을 열기를 기다렸다. 캄보디아 커피 체인점이나 아이스크림 가판대는 다양한 이유로 문을 열지 못하고 있었다. 건축 허가가 제때 이루어지지 않아서였다. 그런데 이메일이 온 것이다. 그날 밤 개장을 한다면서 오픈 행사로 몇 시간 동안 모두에게 무료로 아이스크림을 제공한다는 뉴스였다.

주방의 시계는 8시 15분을 가리키고 있었다. 물론 공짜 아이스크림을 먹을 수는 있겠지만 그렇게 늦게까지 모두가 깨어 있어야만 할까? 막내의 취침 시간이 조금 지난 시간이었고 사촌의 세 살배기 아기는 이미 잠들어 있었다. 만약 그때 집을 나선다면 모두 늦게까지 깨어 있어야만 했다. 게다가 다음 날은 사촌과 그녀의 가족들이 캘리포니아로 돌아가야 하는 일정이었다. 나는 사촌 가족이 떠나기도 전 벌써 그들을 그리워하고 있었다. 어차피 시차가 있으므로 생체 리듬이 뒤죽박죽되는 걱정은 하지 않아도 되지 않을까? 마지막 날 조금 늦게 잔다고 무슨 일이 있겠는가.

나는 사촌에게 조용히 물었다.

"디저트 먹으러 뛰어나갈 준비 됐니?"

내 물음에 놀란 사촌이 시계를 확인하고는 제 딸아이를

힐끔거리더니 대답했다.

"안 될 것도 없지."

그녀는 탐탁지 않은 듯 어깨를 으쓱하는 남편에게 말했다.

"오늘이 마지막 밤이잖아. 가자."

우리는 미니밴에 가족을 모두 태우고 새로 생긴 아이스크림 가게로 달려갔다.

가게는 행복해하는 손님으로 인산인해를 이루었지만, 계산을 하지 않아서인지 기다리는 줄은 빨리 줄어들었다. 진짜 고민은 '어떤 맛을 고를까'였다. 패션 프루트, 딸기 레모네이드, 쿠키 앤 크림? 우리는 운 좋게 그 작은 가게에 끼어 들어가 공짜 아이스크림을 즐겼다. 주인은 우리에게 어떤 맛을 좋아하느냐고 물으며 다른 맛, 심지어 두 가지 맛을 먹어 보라고 종용했다.

"원하는 만큼 먹을 때까지 계속 줄을 서도 됩니다."

우리는 계속해서 줄을 섰고 청소년인 아들은 아이스크림 천국에 온 것 같다고 했다. 테이블에 앉아 서로의 아이스크림을 한 입씩 나눠 먹으며 웃음을 터트렸다. 그리고 그날 밤, 평소보다 훨씬 늦게 잠들었다. 그러나 그날은 그 일주일 동안 있던 일 중 가장 즐거운 기억으로 남아 있다.

## 경험의 관점으로 바라볼 것

이제 나는 소비를 결정할 때 모든 것을 경험의 관점으로 바라본다. 나는 아이들과 우리의 멋진 저녁 식사가 잊을 수 없는 경험이 되기를 바랐다.

월은 "아이들이 먹어 본 최고의 저녁 식사는 아니더라도 기억에 남지 않을까?"라고 말했다.

물론 그럴 것이었다. 나는 확신했다. 그리고 그것만으로도 치열하던 내 두뇌의 긴장이 풀렸다.

예약 확인 이메일에 당황하고 몇 주 지난 뒤 우리는 짐을 싸서 시카고로 향했다. 도시에서 보내는 마지막 날, 우리는 근사한 옷을 차려입고 문제의 레스토랑을 방문했다. 가기 전 아이들에게 설명했다.

"우리 목표는 즐기는 게 아니야. 무엇이 흥미로운지를 알아보는 거야. 너희가 지금껏 먹어 본 최고의 음식이 될 거라고 기대하지 말고, 기억에 남을 만한 것이 무엇인지에 주목해 봐. 맛뿐만 아니라 음식의 모양이나 냄새, 소리 같은 것들에 신경 써 보렴."

그래도 아이들은 아이들인지라 우리는 덧붙였다.

"이상한 농담은 하지 않기."

레스토랑 문을 열고 들어서자 아이들을 본 웨이터의 눈이 반짝였다. 우리는 멋진 은식기가 중앙에 놓여 있는 식탁에 앉았다. 은식기 주변에는 오렌지, 로즈메리, 그리고 이름을 알 수 없는 여러 가지 허브 식물이 놓여 있었다. 마치 예전에 할머니가 꾸며 놓은 것과 비슷한 모양새였다(1시간 후 웨이터는 향긋한 김을 뿜어내는 뜨거운 물을 조심스럽게 중앙의 은식기에 따랐다).

웨이터는 어른들에게는 샴페인을, 아이들에게는 같은 샴페인 잔에 애플 사이다를 따라 주었다. 윌은 축배를 들자며 잔을 들었다.

"우리의 새로운 경험을 위하여!"

우리는 모두 건배를 하며 잔을 부딪쳤다.

그 후 3시간 동안 이어진 저녁 식사에서 우리는 전에 먹어 본 적 없는 멋진 음식을 먹었다. 아이들이 손님으로 왔다는 사실에 한껏 들뜬 우리 테이블의 웨이터들은 먹는 방법이 복잡한 코스마다 세심한 설명을 곁들여 주었다.

식사가 2시간 정도 계속될 무렵 웨이터가 다가와 말했다.

"포크를 내려놓고 현장 학습을 할 시간입니다."

"지난번에 아빠랑 왔을 때도 이런 걸 해 봤어요?"

아이들이 물었다.

우리는 이런 경험을 하지 못했다. 윌과 나는 싱글벙글 웃음만 흘렸다. 우리는 무릎의 냅킨을 접어 올리고 웨이터를 따라 레스토랑을 가로질러 주방으로 들어섰다. 주방이라니! 우리는 조심조심 들어서서 열심히 일하는 셰프에게 방해가 되지 않으려고 애를 썼다. 바텐더가 바로 그 유명한 주방에서 아름다운 구식 셰이커로 칵테일 만드는 법을 선보였다. 어른들은 진을 마시고, 아이들은 루트비어를 마셨다. 정말 즐거웠다.

노곤하고 배부른 상태로 레스토랑을 나섰다. 차를 몰고 떠나기 전 갓길에서 플래시를 잔뜩 터트린 사진을 한 장 찍었다. 그날의 저녁 식사를 증명할 수 있는 것은 이 사진과 지금 보면 온갖 향기가 스며든 것 같은 기념품 메뉴판뿐이다. 그러나 그날의 저녁 식사비는 전혀 아깝지 않았다.

- 당신은 보편적인 개념의 사치를 포용하는 편인가, 아니면 조금 특별한 지출에 늘 고민하며 움츠러드는 편인가?

- 기억에 남는 소비가 있다면, 무엇인가?

- 시간, 에너지, 일상 등 돈 외의 자원을 쓰는 것을 싫어하는 편인가? 혹시 기억에 남는 사치를 위해 이런 자원을 써 볼 생각은 있는가?

- 특별한 경험을 탐닉해 보고 싶은 마음을 품어 본 적이 있는가? 그렇다면 어떻게 실천할 수 있을까?

"오늘은 별로 나 같지 않은 날이네."

푸가 말했다.

"이런. 그러면 너를 되찾을 수 있도록 차와 꿀을 가져다줄게."

피글릿이 대꾸했다.

— A. A. 밀른

# 제4장

# 작은 변화가 주는 삶의 풍요로움

나는 쇼핑 목록을 들고 식료품 업체인 트레이더 조에 들어서자마자 신선한 꽃이 진열된 곳으로 눈길을 돌린다. 여기가 내가 이 가게에서 가장 좋아하는 공간인데(치즈 코너도 좋아한다), 오늘은 어떤 꽃이 있는지를 항상 살핀다. 파스텔 색상의 다양한 튤립, 장미, 그리고 긴 줄기의 백합, 세종류의 수국까지. 사야 할까, 말아야 할까? 물론 사고 싶은 마음은 간절하다. 하지만 오늘 꼭 이 싱싱한 꽃들이 필요한지 스스로에게 묻는다.

한참을 고민한 뒤 나는 마침내 수국을 쇼핑카트에 싣는다. 순간, 튤립을 사야 하나 고민에 빠진다. 나는 수국을 라벤더 색상의 튤립과 바꾸고 꽃꽂이를 완성하기 위해 초록 이파리 소재들을 고른다. 다시 고민에 빠진다. 정말 이것이 필요한가? 나는 현재 너무 깊이 생각하고 있다. 그래, 초록 이파리 소재는 됐다. 집 뒤뜰에서 잘라 올 수 있으니까. 초록 이파리 소재는 제자리에 가져다 둔다. 나는 가게를 돌며 목록의 물품들을 담으면서 튤립이 망가지지 않게 조심한다. 이 튤립이 정말 필요한가? 계산대에 줄을 서서 여전히 나는 튤립을 바라본다. 꽃이 정말로 필요하시 않은 것 같다. 확신이 없다면 다시 가져다 놓아야 한다. 나는 꽃을 양동이에 가져다 놓고 다시 줄을 선다.

계산을 하고 식료품을 차에 싣고 집으로 운전해 온다. 장바구니를 정리하면서 나는 두 가지를 깨닫는다.

쇼핑 목록에 꼭 필요한 샐러드 믹스가 있었는데 그것을 잊었다. 그리고 집에 와서 깨끗하긴 하지만 약간 허전한 주방 조리대를 보고 있자니 내가 잘못된 선택을 한 것 같다. 그 꽃을 샀어야 해. 필요한 식료품은 샀고 정리되었지만, 여전히 그 꽃들에 대해 헛된 고민을 하고 있다.

이 결정, 그리고 이와 같은 아주 많은 결정은 정말 중요하지 않다. 그저 식료품 구매, 5달러짜리 소비, 주방 조리대의 장식이다. 이런 결정은 전혀 인생을 바꿀 만한 것이 못 된다.

그런데 한편으로는 인생은 이런 순간들로 이루어진다. 내게 기쁨을 가져다줄 사소한 것들에 관해 논하느라 귀중한 시간을 낭비하곤 한다. 비용은 낮고 그것이 주는 기쁨은 크기에 기꺼이 '예스' 하는 것이 전혀 해가 되지 않는 것들 말이다.

그리고 그게 전부가 아니다. 쓸모없는 생각의 고리에 갇혀 집중해야 할 것에 주의를 기울이지 못한다. 그러니까 샐러드 믹스 같은 것 말이다.

이런 과도한 생각은 피해로 이어진다.

## 삶의 사소한 즐거움을 누려라

트레이더 조에서의 꽃 사건이 그때 한 번이었다고 말할 수 있다면 좋겠지만, 그렇지 않다. 난 매번 습관적으로 그래 왔고 지금도 때때로 그러고 있는 자신을 발견한다. 내 내면의 비평가는 (신에게 감사하게도 예전만큼 거침없이 의견을 내세우지는 않지만) 여전히 목소리를 높여 말한다.

'이게 최선인가? 현명한 행동일까? 정말 이러고 싶은 거 확실하니?'

많은 사람, 특히 여성들이 이 엄격한 내면의 자기 검열과 여전히 싸우고 있다. 이런 생각을 극복하기 위해 왜 그것들에 굴복하기가 그리 쉬운지 살펴볼 필요가 있다.

걱정, 반성, 그리고 후회가 꼬리를 물고 이어지는 과도한 생각이 정신을 도움이 되지 않는 방향으로 끌고 간다는 사실을 우리는 잘 알고 있다. 하지만 과도한 생각이 좋은 일을 가로막는다는 사실까지는 미처 깨닫지 못한다. 좋은 일을 하지 못하도록 스스로를 설득하는 과정에서 정신적 에너지를 낭비하면서 삶의 사소한 즐거움을 차단해 버리는 것이다.

하고 싶은 일을 하지 않으면 후회할 것을 알면서도 어쨌거나 우린 그런다. 어마 봄벡은 그녀의 가장 유명한 신문 칼럼 중 하나에서 이렇게 말했다. 만약 인생을 다시 살 수 있다면 "'좋은' 거실에서 팝콘을 먹고" 또 "장미 문양으로 조각된 분홍색 초가 차고에서 녹아 버리기 전에 그것을 피웠을 것이다"라고.[1] 1979년에 쓰인 그녀의 칼럼은 계속 퍼져 나가면서 여자들의 마음을 울리고 있다. 우리 역시 좋은 것들을 기회가 닿을 때 누리고 싶어 한다. 하지만 우리 중 많은 사람이 그러지 못하고 있다.

지나치게 생각하는 것을 그만둘 때 우리는 자기의 방식에서 벗어나 더 많은 즐거움, 평화 그리고 사랑을 즐길 수 있다. 과도한 생각으로 좋은 일을 놓치는 대신 좋은 일을 불러내기 위해 할 수 있는 것들을 살펴보자.

## 스스로에게 친절하라

그 꽃에서 뭘 얻으려 했을까? 나는 꽃이 필요한 것은 아니었다. 꽃은 음악의 꾸밈음 같은 것일 뿐 필수 요소는 아니다. 꽃이 없더라도 아무 문제가 없다. 꽃은 '엑스트라' 같은 것이기에 멋진데, 엑스트라는 내가 종종 허락하지 않는 종류의 것이다.

내가 가끔 놓치는 것은 꽃을 사는 일이 경솔하거나 그냥 쓰고 버리는 지출이 아니라는 사실이다. 그런 지출은 엄밀히 말해 그 자체로 필수 지출은 아닐지라도 내 생각과 감정에 큰 변화를 가져온다. 집에 꽃을 가져다 두면 일주일 내내 주방 조리대에서 꽃을 볼 때마다 나는 행복할 것이다. 내 일상에 커다란 영향을 미칠 소소한 일이다. 게다가 꽃을 사는 일은 아주 쉽지 않은가.

하지만 나는 종종 내 작은 사치가 엑스트라 같은 것이라는 이유로 의문을 제기하는 내면의 비평가에게 굴복해 그런 욕망을 억제했다. 내가 스스로에게 더 친절해지는 법을 배우고 그런 풍요에 조금 더 익숙해지는 것을 배우기 전까지 말이다. 여기서 말하는 풍요란 사치품을 사거나 돈을 낭비하는 것을 의미하지는 않는다. 꼭 필요하지는 않더라도 우리가 즐길 수 있는 사소한 것을 말한다.

많은 여성이 자신과 끊임없는 타협의 대화를 속삭이며 작은 간식을 허락하는 데 도가 텄다고 고백한다. 나 역시 그래야 할까? 꽃이 정말 그럴 만한 가치가 있을까? 만약 내부의 비판에 굴복하면 나는 지금 상태를 유지할 수밖에 없다. 그 결과 작은 행복을 놓치게 된다. 왜 우리는 스스로에게 이런 짓을 할까? 블로그에 이런 주제의 글을 올리자 독자들은 자신들 역시 좋은 물건, 맛있는 초콜릿, 프랑스제 화장품, 향초 등 작은 선물을 탐닉하느라 고생했다고 고백했다. 이런 작은 선물은 '특별한' 계기가 있어야만 사용한다고 했다. 이유가 무엇이든 우리는 자신에게 즐거움을 가져다주는 작은 간식을 미루거나 아예 거르곤 한다.

때때로 우리는 해야 할 일을 즐기는 것에 죄책감을 느끼기도 한다. 독서와 연구를 좋아하는 친구가 있다. 하지만 그녀는 두 가지를 할 때마다 죄책감을 갖는다고 한다. 내면의 목소리가 그녀에게 묻는다는 것이다.

'이 시간에 일을 해야 하는 거 아닌가? 이 일을 즐기고 있

을 때야?'

친구는 자기 일을 정말 잘하고 있는데도 여전히 깊은 고민에 빠져 있다!

꼭 이렇게 할 필요는 없다. 우리는 자신에게 친절하고 다정하게 대하는 방법을 배워야 한다. 또 모든 일을 언제나 효율적으로 완벽하게 처리해야 한다는 생각에서 벗어날 필요가 있다. 그뿐 아니라 스스로에게 작은 선물을 하고 그것을 즐길 수 있어야 한다. 좋은 일에 대해 죄책감을 갖지 않고 고마움을 느끼며, 삶에 대해 좀 더 풍요로운 태도를 갖는 것이 좋다.

트레이더 조의 꽃다발에 마법 같은 것은 없었다. 요점은 꽃이 아니라 꽃이 상징하는 바였다. 물론 우리는 작은 즐거움 없이도 살아갈 수 있고 여유 없는 태도로도 움직일 수 있다. 그러나 풍요로운 마음을 갖게 되면 작은 선물을 받아들일 여유가 생긴다.

이런 사소한 결정들이 갖는 의미는 매우 크다. 우선, 우리의 삶에 조금 더 단순한 기쁨을 가져다주는 것을 개의치 않게 된다. 또 5달러짜리 꽃다발을 두고도 올바른 결정을 내릴 수 없다면 큰 결정을 앞에 두었을 때 자신을 신뢰할 수 있겠는가.

이런 점을 염두에 두고 생각해 보자. 작은 선물 중 어떤 것들이 당신에게 즐거움을 가져다주는가? 어떻게 하면 규칙적으로 선물을 즐길 수 있을까?

## 즐거움을 주는 나만의 작은 간식

아이리스 머독은 "행복한 삶의 비결 중 하나는 지속적인 간식이고, 만약 간식을 저렴하고 빠르게 조달할 수만 있다면 훨씬 더 좋을 것"이라고 했다.[2] 머독은 약간 농담조로 이 대사를 책의 등장인물 입을 빌려 뱉었지만, 사실 따지고 보면 우리 모두 인생의 작은 간식 하나쯤은 있지 않은가?

우리는 이런 '간식'을 우리가 필요로 하는 절대 최소치 너머의 어떤 특별한 것, 본질적이지 않은 무언가로 정의할 수 있겠다. 간식은 비용이 많이 들 필요는 없지만, 다른 사람의 취향이나 입맛과 상관없이 나에게 즐거움을 가져다줄 수 있으면 된다.

친구들에게 어떤 간식을 즐기느냐고 물었더니 반응이 다양했다. 어떤 사람은 아이들을 재우고 화요일 밤 라벤더 향을 푼 목욕을 즐긴다고 했고, 또 누구는 저녁 식사 후 맛있는 다크 초콜릿 한 박스를 먹는다고 했으며, 누군가는 주

중에는 잡일에 몰두하고 토요일 아침에는 무조건 하이킹을 나선다고 했다. 출판일에 맞춰 도착하는 신간 소설에 대한 기대라고 대답한 이도 있었다.

나는 지난 몇 년간 값싼 볼펜만 사용하다 최근에야 좋은 품질의 볼펜을 쓰고 있다. 아주 오랜 시간 나는 웃돈을 주고 사는 일이 과연 값어치 있는 일인가에 관해 고민했다. 하지만 이제는 그런 고민을 하지 않는다. 나는 최저가에는 관심이 없기 때문이다. 적어도 펜에 관해서는 이 고민이 부질없다. 물론 20센트짜리 볼펜으로도 얼마든지 글을 쓸 수 있고 은행에서 받은 공짜 펜도 그 기능에는 문제가 없지만, 좋은 펜을 사면서 더 좋은 경험을 즐길 수 있다면 나는 매번 좋은 펜을 선택할 것이다. 질 좋은 펜으로 글을 쓴다는 것 자체가 나에게는 즐거움이고, 오랜 시간 쓸 도구에 돈을 좀 더 지불하는 것이 나에겐 가장 값싼 즐거움 중 하나이기 때문이다.

과카몰레를 좋아하는 친구가 있다. 전에는 자기가 좋아하는 타코 가게에 가서 과카몰레를 습관적으로 추가하지 않았다고 한다. 그러다 언젠가 아무 생각 없이 과카몰레를 추가해 보았단다. 그런데 먹어 보니 너무 맛있어서 전에는 왜 추가하지 않았을까 의아했다고 한다. 친구와 나는 그 질문에 관한 답을 알고 있었다. 필수적인 것이 아니었으므로 당연하게 추가하지 않았을 뿐이다. 하지만 이제 친구는 더 이상 그러지 않는다. 좋아하는 것을 습관화하는 법을 배우고 있기 때문이다.

## 좋은 것을 습관화하기

우리의 삶에 좋은 것들을 가져오는 가장 효과적인 방법 중 하나는 바로 습관화하는 것이다. 이 책의 앞부분에서 나는 자동 조종 모드를 활용해 일단 결정하고 나면 그 혜택을 무한정 누릴 방법에 관해 기술한 바 있다. 그것이 '좋은' 결정인지를 고민할 필요 없이 반복적으로 행동만 하면 그만이다. 우리가 해야 할지 말아야 할지를 고민하며 스스로를 고통스럽게 하는 대신, 또 결코 도래하지 않을지도 모르는 특별한 날을 기대하는 대신, 무엇이든 그저 즐길 수 있게 해 준다.

이런 결정들을 미리 정리해 두지 않으면 마음이 흔들리면서 그 순간 감정에 따라 결정하게 된다. '꽃을 살까 말까 결정하는 것이 얼마나 큰일인가?'라고 자신에게 묻기도 하고, 꽃을 살지 말지 고민하며 머릿속이 얼어붙기도 한다.

마음을 단단히 붙들어 주는 명확한 철학이나 시스템이 없으면 우리는 끊임없이 결정을 내리고 스스로에게 그 결정을 정당화시켜야 한다.

나는 이 전략을 실행에 옮기며 특히 꽃에 대한 규칙을 만들었다. 내가 좋아하는 꽃이 있으면 트레이더 조에 들를 때마다 사기로 했다. 물론 앞에서도 말했듯이 타고난 검소한 성격 때문에 이런 결정이 결코 쉽게 이루어진 것은 아니었다. 이 점이 바로 내가 자동 모드에 의존하게 된 계기이기도 하다. 그렇지 않으면 나는 가게에 들를 때마다 고민에 지쳐 버릴 터였다. 이제 나는 내 카트에 꽃을 싣기만 하면 된다. 아무 결정을 할 필요가 없다. 오늘 아침에 산 수선화는 고작 1달러 50센트에 불과했다. 매번 꽃값은 5달러를 넘기지 않으며, 덕분에 나는 늘 행복하다.

다른 사람들은 자신의 성향에 맞는 방법으로 이 전략을 실행한다. 대학 재학 중 나는 이웃 가족의 베이비시터로 아르바이트를 한 적이 있다. 아기 엄마인 트레이시는 그녀의 표현만큼 '엄청나게' 가정적인 편은 아니었지만 요리하는 걸 좋아하고 자신의 주방을 '행복한 곳'이라고 부를 만큼 집안일을 잘 건사했다. 나는 그녀가 주방을 정리하는 방식에 매료되곤 했다. 오전 수업이 끝나고 그녀의 집에

도착하면 아이들은 보통 낮잠을 잤다. 아기를 재운 뒤 나는 트레이시가 주방을 정리하는 모습을 지켜보곤 했다. 그녀는 아일랜드 조리대를 닦은 다음 싱크대 아래에 숨겨 둔 거대한 향초를 꺼내 불을 붙이는 것으로 정리를 마쳤다. 깜박이는 촛불은 주방을 아늑한 느낌으로 만들어 주었다. 음울하기 짝이 없는 시카고의 겨울 분위기를 따뜻하게 바꿔 준 것이다.

어느 날, 아일랜드 조리대 의자에 앉아 그녀를 지켜보며 수다를 떨었다.

"저는 촛불이 참 좋아요."

그녀가 촛불을 켜는 것을 보며 내가 말했다.

"다행이네."

트레이시는 사실 향초는 특별한 날에만 켜는 것으로 생각했다고 했다. 그녀에게 무엇 때문에 마음을 바꾸었는지 물어보았다.

"그냥 초를 켜기로 마음먹었어. 나는 향초를 정말 좋아하거든. 촛불을 생각하면 행복해져. 그래서 항상 불을 붙이기로 결심한 거야."

트레이시가 '특별한' 날을 위해 향초를 아끼던 습관을 이겨 내서 정말 다행이었다.

# 나날의 즐거움을 더할 방법 찾기

소박한 풍요는 마음의 틀일 뿐 돈으로 살 수 있는 것이 아니다. 풍족하다는 느낌에는 가격을 매길 필요도 없다. 낮에 소설을 읽거나, 차를 마시며 현관 앞에 앉아 여유를 즐기거나, 이웃집 마당의 꽃을 구경하려고 잠시 걸음을 멈추는 일만으로도 휴식이 될 수 있다. 이 작은 순간들을 즐길 수 있도록 스스로에게 허락하는 것이 얼마나 큰 선물인가.

언젠가 운전대를 잡고 도로 한가운데에서 이렇게 풍요로운 마음가짐을 받아들이는 법을 배운 적이 있다.

한때 나는 시카고 교외에서 산 적이 있다. 윌과 나는 결혼 후 시카고에 정착하는 것이 어떨까 오랫동안 고민했으나 포기했다. 비싼 생활비도 문제이고 시카고의 잔인한 겨울도 걱정거리였지만, 더 중요한 요인은 다름 아닌 루스벨트 로드였다. 시카고의 서부 교외를 가로지르는 넓은 도로는 늘 번잡하고 수백 개의 불빛, 아니 어쩌면 배기가스를 내뿜는 수천 개의 엔진 불빛으로 어지러웠다. 어쨌든 목적지에 도달하는 가장 빠른 길이었을지는 몰라도 나는 그곳을 지날 때마다 분개하곤 했다.

우리는 결국 루이빌에 정착했다. 그런데 루이빌에는 그

무서운 시카고의 횡단 경험을 일깨워 주는 도로가 하나 있었다(지역 주민들을 위해 알려 주자면 바로 구불구불하기로 명성 높은 셸비빌 도로다).

나는 그 길을 거의 몇 년 동안 매일 지나다녔다. 갑자기 생겨나는 휴대폰 가게와 자동차 대리점, 광활한 콘크리트 주차장과 신호등, 월그린 체인점 등의 무게에 짓눌려 집으로 돌아가던 어느 날, 나는 일종의 게시를 받았다. 그날 나는 영혼이 빠져나가는 것 같은 그 길을 포기했다. 무려 5년이나 그 길로 다녔으나 그 후로 단 한 번도 돌아보지 않았다.

나는 즐거운 길을 찾기 위해 차를 모는 것이 '가치 있는 일인가'에 대해 고민에 빠졌다. 고민은 끝났고 나는 결심했으며 이제 차에 오를 때마다 그 결정에 따른다.

내 목적지가 그 끔찍한 길 위에 있지 않은 한 나는 그 길로 차를 몰지 않는다. 시간과 연료는 물론 중요한 자원이지만, 나의 정신적 에너지와 끝없이 펼쳐진 콘크리트의 삭막한 경치에 대한 인내심도 중요하다. 시간이 짧아지면 흉측한 풍경도 빨리 사라지게 마련이다. 3분 정도만 여유를 부리면 나는 더 이상 우회로를 선택했다는 사실을 나쁘게 받아들이지 않는다. 고작 세 블록만 우회하면 되는 짧은 거리이기 때문이다. 속도보다는 아름다움을 우선하는 나의 방식을 고수하자 나는 조금 더 행복해졌다.

## 두 배로 풍요로워지는 삶

이 작은 변화의 요점은 바로 평화와 기쁨이다. 지나친 고민은 지겹다. 우리가 행복하지 않은 고민에서 벗어날 수만 있다면 우리의 삶은 두 배로 풍요로워질 것이다.

- 당신의 삶에서 소박한 풍요가 있다면 무엇인가?

- 소박한 즐거움과 관련해서 '나는 이런 대접을 받을 자격이 없다'는 생각을 혹시 해 본 적이 있는가? 그렇다면 어떻게 그 생각을 바꿀 수 있었는가?

나 자신을 바꾸었더니, 세상이 바뀌었다.

— 글로리아 안살두아

에필로그

# 평화와 기쁨이 있는 자유로운 삶을 위하여

이 책에서 나는 여러분이 생각하는 것이 중요하다는 점을 설득하려고 노력했다. 생각의 본질을 바꿈으로써 당신은 세상을 경험하는 방식 자체를 근본적으로 바꿀 수 있다. 시간과 분을 쪼개 무엇을 하느냐가 인생을 쌓아 올리는 방식이 된다. 바라건대 이 책을 통해 여러분이 더 건강해지고 도움이 되며 생명을 싹틔우는 생각을 꾸준히 하는 시간을 더 많이 보낼 수 있으면 좋겠다.

어떻게 생각하는지, 무엇을 생각하는지, 그 생각이 자신에게 무엇을 의미하는지, 그리고 그 생각을 통해 무엇을 선택하는지가 삶의 상당 부분을 결정하게 된다. 랠프 월도에머슨은 "하루 종일 생각하는 것이 아니라면, 인생이란 무엇일까?"라고 썼다.[1] 결국 우리는 한 번에 한 가지 생각을 하면서 자신이 원하는 사람으로 성장해 간다.

우리는 모두 잘 살고 싶어 한다. 그러나 지나친 생각에 빠져 시간을 보내면 우리의 삶 역시 그렇게 흘러간다. 지나친 생각이 반드시 성가신 것만은 아니다. 다만 우리가 지나친 생각을 하면서 쓰는 매 순간은 중요한 것에 쓰지 않는 소중한 1분이라는 사실이 중요하다.

지나친 생각에 관해 토론하다 보면 대다수 사람이 생각을 그만 멈추고 싶다고 말한다. 하지만 동시에 지나친 생각에 빠진다는 것 자체를 중요하고 긴급한 문제로 인식하지 않는 듯싶기도 하다. 나는 사람들이 지나친 생각의 영향을 과소평가할까 두렵다. 우리는 지나친 생각을 개인적인 문제로 생각하는 경향이 있지만, 사실은 우리의 개별적인 생각, 결정, 행동 등은 자기 자신에게뿐만 아니라 주변 사람들에게도 영향을 미친다.

내가 가장 좋아하는 작가 중 한 사람인 웬들 베리는 우리 세계의 생태학적 건강, 그리고 그것을 조심스럽게 다루어야 할 우리의 의무에 대한 폭넓은 주제 의식을 바탕으로 글을 쓴다. 그는 "작은 파괴가 합쳐지면 결국은 전체적으로 큰 파괴가 이루어진다"[2]고 했다. 베리는 이 세상의 산과 바다의 보존을 말하지만, 나는 지나친 생각이 우리의 삶에 비슷한 영향을 미친다는 것을 이해하게 되었다. 지나친 생각은 노력과 에너지의 작은 낭비에 불과할 수도 있다. 하지만 최악의 경우 우리의 사고에 큰 피해를 줄 수 있다. 고민은 아무에게도 도움이 되지 않으며 많은 사람에게 해를 끼칠 뿐이다. 작은 문제는 개인적인 삶에만 피해를 주는 게 아니라 파급 효과를 거치며 똘똘 뭉쳐 점점 커진다. 이 모든 고민의 누적 피해자만 해도 어마어마할 것이다.

지나친 고민 대신 우리가 할 수 있는 좋은 일에 집중하면 어떨까? 작은 장애물이 합쳐지면 큰 장애물이 되지만, 역으로 이를 바꾸는 행위도 반복하면 큰 영향력을 발휘할 수 있다. 우리의 가족, 지역 사회, 세계에 긍정적인 영향을 미칠 것이다.

## 세상은 계속해서 창조되고 있다

내가 다니는 교회에서는 '우리가 정의와 기쁨, 연민과 평화의 창조자일 때 하나님께서도 기뻐하실 것'[3]이란 후렴구가 있는 찬송가를 정기적으로 부른다. 처음 찬송가를 들었을 때 나는 우리가 이런 것을 갈망만 하는 것이 아니라 창조할 수도 있지 않을까 생각했다.

우리는 매일 상호 작용을 통해 정의를 창조할 수 있고, 우리가 있는 바로 그 자리에서 사랑과 기쁨을 창조할 수 있다. 또한 연민을 실천하고 평화를 구현할 수 있다. 자신의 삶에서 이 모든 선한 것을 창조할 수 있다. 그리고 이는 우리 주변 사람들에게, 우리의 공동체에, 이 세계에 영향을 미칠 수 있다.

우리는 정의, 사랑, 기쁨, 연민, 평화를 창조할 수 있지만, 이런 일들이 그냥 일어나지는 않는다. 그에 관해 생각하고 그 생각에 따라 행동해야만 가능하다. 그러므로 우리는 스스로에게 중요한 질문을 던질 필요가 있다.

'나는 어떤 사람이 되고 싶은가? 어떤 세상에서 살고 싶은가? 나는 어떻게 해야 할까?'

윌과 내가 코스트코를 방문한 일이 떠오른다. 주차장을 막 빠져나온 우리의 미니밴이 빨간 불에 맞추어 정차했다. 그때 코앞 모퉁이에서 한 여성이 골판지 피켓을 들고 서 있었다. 피켓에는 다음과 같이 적혀 있었다.

'노숙자예요. 배가 고파요. 도와주세요.'

현금은 도움이 되지 않는다는 이야기를 주변 사람들에게 자주 들었지만, 그래도 나에게 현금이 조금 있기에 자동차 창문을 열어 그녀에게 5달러를 건네며 조심하라는 말을 해 주었다. 그리고 신호가 파란 불로 바뀌었다. 몇 블록을 침묵에 잠겨 달리다 윌이 깜빡이를 켜고 차선을 바꾸었다. 룸 미러로 사각지대를 확인하며 힐끗거리던 남편은 차 뒷좌석에 쌓아 둔 200여 개의 그래놀라 바를 발견했다. 남편의 어깨가 급격히 수그러들었다. 남편이 말했다.

"이 차에 그래놀라 바가 200개나 있는데, 하나라도 줄 걸 그랬어. 아니, 100개도 줄 수 있었어. 대체 무슨 생각이었지, 우리?"

중요한 건 우린 전혀 생각하지 못했다는 점이다. 그래서 그날 우리는 새로운 규칙을 만들었다. 배가 고프다고 노숙자들이 도움을 요청하면 5달러와 함께 그래놀라 바를 하나 주기로. 약간의 현금은 늘 갖고 있고, 아이들을 위해 다양한 간식을 자동차 글러브 박스에 항상 보관하고 있기에 가능한 일이었다.

코스트코에 다녀오고 한참 지난 어느 날, 우리 가족은 휴가를 보내기 위해 자동차를 타고 플로리다 팬핸들로 가고 있었다. 친구 권유로 앨라배마의 과일 가판대 앞에서 잠깐 차를 세우고 10킬로그램 정도 되는 잘 익은 복숭아를 샀다. 차에는 6명이 열흘 동안 여행하는 데 필요한 짐으로 꽉 차 있어서 복숭아를 놓을 자리가 없었다. 월과 나는 여러 가지 잡동사니를 높이 받쳐 들고 운전석과 조수석 사이 콘솔에 복숭아를 밀어 넣었다. 조수석에 앉은 나는 차가 좁은 모퉁이를 돌 때마다 무거운 상자를 붙들어야 했다.

몽고메리에서 고속 도로를 벗어나자마자 모퉁이에 서 있는 한 남자가 보였다. 그는 한낮의 햇살을 받으며 '노숙자, 배고픔'이란 팻말을 들고 서 있었다. 그래서 우리는 늘 해야 할 일을 했다. 창문을 내리고 5달러와 함께 그래놀라 바하나를 건넸다. 그는 "하느님의 축복이 함께하시길, 건강하세요"라고 감사를 표했다. 그런데 그가 몸을 돌리다 말고 뭔가를 눈치챈 듯 걸음을 멈추더니 말했다.

"그거 하나만 줄 수 있소?"

월이 혼란스러워하며 물었다.

"어떤 거요?"

남자가 복숭아를 가리켰다.

"아, 물론이죠!"

우리는 동시에 대답했다. 남편이 즙이 많은 복숭아를 하나 건네주었다.

"복 많이 받으시오. 이런 과일은 정말 오래도록 못 먹었거든요."

노숙자가 말했다.

차를 다시 몰고 가며 우리는 복숭아를 상자째 주었어야 하는 것은 아닌가 고민했다. 답은 모르겠다. 하지만 나는 우리가 세운 기준에 감사하면서 필요할 때면 그 기준선에서 살짝 벗어난 행동을 할 자유도 있음을 안다. 물론 모든 게 완벽하지는 않지만 말이다.

현명하게 사용할 수 없다는 걸 알면서도 그들에게 돈을 주어야 할까? 그렇다. 그런 행동에 내가 마음을 쓰는가? 아니, 그렇지 않다. 나는 이미 오래전 이런 면에서는 관대해져야 한다고 마음먹었다. 나는 우리가 서로를 돕는 세상에서 살고 싶다. 내가 어려운 사람들에게 주는 돈으로 그들이 무엇을 하는지는 내가 결정할 수 있는 일이 아니다. 그래서 나는 지금 이 순간에도 이런 질문을 두고 고민하지 않는다. 비록 여전히 내가 해답을 찾고 있다 해도 말이다.

당신과 내가 취하는 각각의 행동을 통해 우리는 자기가 되고 싶은 사람이 되고 살고 싶은 세상을 만든다. 이게 내가 선택한 길이다.

세상은 넓고, 우리는 작다. 우리가 변화를 만들 수 없다는 느낌에 종종 무력감을 갖기도 한다. 그러나 할 일이 너무 많다. 우리가 하는 일이 과연 중요할까? 절망과 무력감을 갖기 쉽지만 복잡한 해결책을 모두 책임질 필요는 없다. 우리는 우리가 있는 곳에서 작게나마 시작하면 된다. 변화를 만들 수 있다. 선을 위해, 우리 자신을 위해, 그리고 이 세상을 위해.

## 축복의 기도

나는 성공회 교회 신자다. 예배가 끝날 때면 목사님은 우리를 축복해 준다. 축복의 기도는 세상으로 다시 나갈 때 우리가 함께 가져갈 '좋은 말'이다. 몇 년 전, 공교롭게도 내 생일에 목사님이 축복의 말을 해 주었다. 나는 나중에 그분에게 그 구절을 적어 달라고 부탁했다. 몇 년간 나의 희망을 담은 구절이었다. 우리가 세상을 보는 시각, 우리가 양육을 위해 선택하는 생각, 그리고 그 결과로 얻은 이익에 대한 구절이었다. 그 구절을 여기에 적어 보고자 한다.

몸과 마음이 평안하고 행복하며 가벼워지기를. 안전하게 살기를. 걱정과 불안이 없기를. 이해와 사랑의 눈으로 자신을 바라보는 법을 배우길. 그대 자신 속에 있는 기쁨과 행복의 씨앗을 깨닫고 만질 수 있기를. 매일 자신 안에 자리 잡은 기쁨의 씨앗에 어떤 영양분을 공급할 수 있는지를 스스로 깨우치기를. 산뜻하고 견고하며 자유롭게 살 수 있기를.[4]

　이 기도문에 내가 나 자신을 위해 무엇을 원하는지, 또 내가 여러분을 위해 어떤 것을 원하는지가 드러나 있다. 이 책을 읽은 당신 역시 이 책의 전략들을 잘 활용할 수 있기를 바란다. 지나친 고민은 접어 두고 평화와 기쁨이 가져오는 삶을 가꾸기를. 당신과 이 세상에 선한 힘이 되기를. 그리하여 산뜻하고 견고하며 자유로운 삶을 살 수 있기를 바란다.

# 감사의 말

책을 한 권씩 완성할 때마다 감사 인사를 전해야 할 사람들 목록이 조금씩 길어진다. 마땅히 그래야 하는 일이기도 하다. 어릴 적, 독서에 처음 빠져들었을 때만 해도 나는 책이란 게 책상에 엉덩이를 붙이고 앉아 미친 듯 쓰는 작가 혼자만의 작품이라고 생각했다. 하지만 이제 나는 잘 안다. 수많은 사람이 도와주지 않았다면 이 책은 세상에 나올 수 없었으리란 사실을 말이다.

우선, 레베카 구스만과 빌 젠슨, 이 책의 초기 단계에서 브레인스토밍과 자료 조사를 도와주고 이 책의 개념을 결실로 만들기 위해 애를 써 줘 고맙습니다.

리즈 히니, 당신과 일하는 섯 자체가 나에게는 즐거움이었어요. 당신의 현명한 통찰력과 강인하지만 친절한 비판에 감사하며, 우리가 올바른 구조를 찾을 때까지 포기하지 않아 줘 고맙습니다. 책의 뼈대를 튼튼하게 만들고 싶어 하는 내 마음 이해하잖아요!

베이커 북스의 훌륭한 팀원들, 웬디 웨즐과 마크 라이스, 두 분의 마케팅과 브리아나 드윗의 훌륭한 홍보 전략, 에이미 밸러의 매의 눈, 패티 브링크스의 아름다운 커버 디자인, 브라이언 토머슨의 열정과 당신의 어머니에 관한 훌륭한 일화 고마웠습니다. 그리고 이 책이 출판이라는 마법을 부릴 수 있도록 도와준 모든 분에게 감사합니다.

메리베스 웨일런, 이 책의 주제에 대한 무한한 열정과 정확한 시간에 정확한 단어를 끄집어내는 비상한 능력, 고마워요.

앨리 팰런, 처음부터 이 책을 하나씩 끼워 맞출 수 있도록 도와주고 태국 여행에 관해 이야기해 줘 고마워요.

훌륭한 구독자를 가진 아리엘 로혼과 J. T. 엘리슨, 두 분은 나에게 필요한 작가다운 격려를 해 주었어요. 나의 작업 흐름을 극적으로 개선해 줘 고맙습니다.

리사 패튼의 환대는 이 책을 쓰는 데 도움이 많이 되었어요. 그리고 샐러드드레싱 추천해 줘 고마워요.

멜리사 클라센, 정말 끔찍하던 초고를 내 친구에게 맡길 수 있게 해 주고, 마감 시간이 임박해서 내 삶이 송두리째 무너지는 것을 막아 주고, 내 말을 오래도록 경청해 줘 감사해요. 그리고 랜디 손힐, 최악의 내 모습을 믿어 주고 비판적인 피드백과 완벽주의에 대한 고민을 함께 나눠 줘 고마워요.

브레나 프레더릭과 레이 크레이머, 주의 깊게 읽고 현명한 피드백 보내 줘 고맙습니다. 도나 헤츨러, 당신의 꼼꼼한 시선과 수많은 스프레드시트에 고마운 마음을 전합니다. 진저, 함께할 수 있어서 고마웠습니다. 당신의 따뜻한 실력도 고마워요.

베스 실버스, 고민의 순환 고리에서 나를 구해 주고, 이 책에 나오는 많은 아이디어를 함께 생각할 수 있도록 도와 줘 감사해요.

세라 베시, 당신의 생생한 현장 노트를 이 책의 제1부 제4장에 완벽하게 소개할 수 있었어요.

사라 스튜어트 홀랜드, 켄드라 아다치, 제이미 B. 골든, 패티 캘러핸 헨리, 메리 로라 필폿, 로라 트레메인, 에릭 피서, 여러분의 감사한 서평 고맙습니다.

친구가 작가라는 것은 친구가 쓴 책에 그들의 이야기가 들어갈 수도 있음을 의미합니다. 많은 친구의 이야기가 이 책에 실렸습니다. 로리 핼턴, 데이브와 아만다 해리티, 애슐리 구티에레즈 실러, 얀선 브래드쇼, 메그 티츠, 마이퀼린 스미스와 녹스 매코이 등 모두의 우정에 감사합니다.

블로그 〈모던 미시즈 다시〉의 독자들, 수년 동안 이 아이디어를 늘어놓을 때마다 열성적인 반응을 보여 주면서 사려 깊은 사운딩 보드 역할을 해 주고 사랑으로 행한 행동이 세상을 바꿀 수 있음을 나에게 납득시켜 줘 고맙습니다.

내 책을 서점에 들이고 팔아 주는 모든 분, 관련 행사를 열어 주고 손님들에게 나의 팟캐스트를 추천해 주신 분들, 책에 대한 여러분의 열정을 전파해 줘 고맙습니다.

'모어 제인 에어' 모임 여러분, 클레어 디아즈 오티즈, 앨리 팰런(또 한 번), 에밀리 프리먼, 멜 줄완, 클레어 펠레트로, 안전한 사운딩 보드 역할을 해 주고, 나를 응원해 주며, 나를 세상으로 이끌어 주고, 은혜와 지혜와 연민으로 나를 감싸 줘 고맙습니다.

로라 밴더캠, 크리스 베일리, 카미유 노에 페간, 캐서린 첸과 나눈 대화, 그리고 글쓰기 생활에 대한 여러분의 지식을 아낌없이 나눠 줘 고마워요.

엄마와 아빠, 두 분의 이야기를 하지 않고서는 내가 배운 걸 쓸 수 없었을 거예요. 무엇보다 초기 사례 연구 대상이 되어 주셔서 감사합니다. 그리고 내가 두 분에게 배운 깃들을 이렇게 쓸 수 있게 해 주셔서 고마워요.

잭슨, 새라, 루시 그리고 사일러스, 이 주제와 배워 나쁠 것 없는 모든 교훈을 엄마에게 가르쳐 줘 고마워. 너희 이야기를 쓸 수 있게 해 주고 주방 조리대에 내 책을 펼쳐 놓아도 참아 줘 고맙다. 너희가 최고야.

남편 월, 당신의 모든 것이 감사해. 이제 마감이 아닌 시간을 함께 즐겨 봐, 우리.

# 주석

프롤로그 | **지나친 고민의 파괴적인 영향에서 벗어나라**

1. 수잔 놀렌 혹스마의 연구는 20년 넘게 이어지고 있다. 수잔 놀렌 혹스마, 《생각이 너무 많은 여자(Women Who Think Too Much)》(헨리 홀트, 2003년), 16쪽.

2. 애니 딜러드, 《작가살이(The Writing Life)》(하퍼콜린스, 1990년), 568쪽.

3. 수잔 놀렌 혹스마, 《생각이 너무 많은 여자》(헨리 홀트, 2003년), 3쪽.

4. 아먼 클리닉 연구진, 〈여성의 뇌는 남성보다 훨씬 더 활달하다〉, 사이언스데일리(2017년 8월 7일), https://www.sciencedaily.com/releases/2017/08/170807120521.htm.

5. 수잔 놀렌 혹스마, 《생각이 너무 많은 여자》(헨리 홀트, 2003년), 5쪽.

6. 토머스 커런과 앤드루 P. 힐, 〈시간이 지남에 따라 증가하는 완벽주의 : 1989년부터 2016년까지 출생 코호트 차이의 메타 분석〉, 《Psychological Bulletin》145권 4호(2019년 4월), 410~429쪽.

# 제1부 | 성공을 위한 마음가짐

## 제1장 | 나는 왜 계속 고민하는가

1. 헨리 에먼스, 《침묵의 화학(The Chemistry of Calm)》(터치스톤, 2010년), 157쪽.
2. 같은 책, 235쪽.
3. 수잔 놀렌 혹스마, 《생각이 너무 많은 여자》(헨리 홀트, 2003년), 93쪽.
4. 헨리 에먼스, 《침묵의 화학》(터치스톤, 2010년), 234~235쪽.

## 제4장 | 여유 시간을 만들어라

1. '사이클을 완성하자'라는 문구를 처음 접한 것은 시프라 콤비드의 〈즉각적인 결과를 얻기 위해 '사이클 완성'의 정리 방법을 사용해 볼 것〉, 아파트먼트 세러피(2019년 7월 29일, https://www.apartmenttherapy.com/try-complete-the-cycle-and-see-how-much-less-you-have-to-pick-up-221322)를 통해서였다.
2. 이 대화는 2017년 3월 6일 올린 블로그의 글 〈사이클 완성〉의 댓글에서 확인할 수 있다. https://modernmrsdarcy.com/completing-the-cycle.
3. 이 조언은 루이스 어드리크의 소설 《살아 있는 신이 사는 미래의 집(Future Home of the Living God)》(하퍼콜린스,

2017년)에서 읽었다. 이야기의 아주 중요한 포인트는 아니었지만 내 마음을 사로잡았다.

4. 수전 C. 핀스키, 《ADHD를 가진 사람들을 위한 정리 정돈법(Organizing Solutions for People with ADHD)》(페어윈즈 프레스, 2012년), 23쪽.

5. 베설 판 데르 콜크, 《몸은 기억한다(The Body Keeps the Score)》(펭귄, 2014년), 56쪽.

6. 실제로 《몸은 기억한다》는 많은 독자가 추천해 주었지만 나는 힘들고 무거운 책일까 봐 두려워 몇 년간 읽기를 미뤄 왔다. 저자는 확실히 어려운 주제를 다루었지만 내용은 매혹적이다. 한번 읽기 시작하면 푹 빠져들게 된다.

7. 베설 판 데르 콜크, 《몸은 기억한다》(펭귄, 2014년), 56쪽.

8. 헨리 에먼스, 《침묵의 화학》(터치스톤, 2010년), 10쪽.

9. 같은 책, 118쪽.

10. 같은 책, 101쪽.

11. 로라 밴더캠, '생산성을 위해 : 로라 밴더캠과의 대화', 켄터키 루이빌, 노턴 헬스케어 주최, 2018년 3월 12일.

12. 로라 밴더캠, 《시간 전쟁(Off the Clock)》(포트폴리오, 2018년), 93쪽.

# 제2부 | 지나친 고민에서 벗어나는 법

## 제1장 | 나아가기 위해 속도를 올려라

1. 프레스코 소스를 곁들이는 국수호박으로 속을 채우는 블랙빈 타코 레시피는 뎁 페렐만의 《스미튼 키친 요리책(Smitten Kitchen Cookbook)》(크노프, 2012년) 143~144쪽에서 찾아볼 수 있다. 타코의 밤에 찾아오면 내가 직접 만들어 줄 수도 있다.

## 제2장 | 자신만의 정원을 가꾸는 법

1. 장 앙텔름 브리야사바랭, 《미각의 생리학(The Physiology of Taste)》(에브리맨스 라이브러리, 앨프리드 A. 크노프, 2009년), 15쪽. 이 인용문은 메이슨 커리의 《리추얼(Daily Rituals)》(앨프리드 A. 크노프, 2013년)에서 처음 발견했다.
2. 위니프리드 갤러거, 《몰입(Rapt)》(펭귄, 2009년), 4쪽.
3. 같은 책, 3쪽.
4. 달라스 윌라드, 《마음의 혁신(Renovation of the Heart)》(콜로라도 스프링스, 나브프레스, 2002년), 34쪽.
5. 위니프리드 갤러거, 《몰입》(펭귄, 2009년), 53쪽.
6. 존 밀턴, 《실낙원》 1권.
7. 헨리 에먼스, 《침묵의 화학》(터치스톤, 2010년), 45쪽.
8. 수잔 놀렌 혹스마, 《생각이 너무 많은 여자》(헨리 홀트, 2003년), 3쪽.
9. 헨리 에먼스, 《침묵의 화학》(터치스톤, 2010년), 151쪽.
10. 월리스 스테그너, 《안전함을 넘어가다(Crossing to Safety)》(랜덤하우스, 1987년), 158쪽.
11. 존 가트맨, 낸 실버, 《행복한 결혼을 위한 7원칙(The

Seven Principles for Making Marriage Work)》(하모니 북스, 1999년), 73~74쪽.

12. 자크 브리틀, 〈감사 연습〉, 블로그 〈가트맨의 관계〉(2014년 3월 31일), https://www.gottman.com/blog/g-is-for-gratitude.

13. 케티 케이, 클레어 시프먼, 《나는 오늘부터 나를 믿기로 했다(The Confidence Code)》(하퍼콜린스, 2014년), 149쪽.

14. 칩 히스, 댄 히스, 《자신 있게 결정하라(Decisive)》(크라운 비즈니스, 2013년), 172쪽. 이 간단한 질문이 너무 마음에 들어 나는 자주 사용한다. 인용서에서 처음 발견했다.

15. 피터 슈젤달의 인터뷰(블랙버드 아카이브 : 문학과 예술 온라인 저널 3권 1호, 2004년 봄). 이 질문은 미술 평론가 피터 슈젤달이 처음 가져왔다. 실제로 미술 작품을 평가하는 이야기를 하며 이 질문을 건넸으나 나는 회의나 대화, 특히 문학 등 다양한 상황을 포괄할 수 있다는 사실을 발견했다. 이 질문이 포함된 인터뷰는 https://blackbird.vcu.edu/v3n1/gallery/schjeldahl_p/interview_text.htm에서 확인할 수 있다.

16. 이 부분과 다른 많은 주제에 도움을 준 친구 베스 실버스에게 특히 감사 인사를 표한다. 어쩌면 베스 실버스의 팟캐스트인 〈정장의 정치학(Pantsuit Politics)〉이나 사라 스튜어트 홀랜드와 공동 집필한 《당신이 틀려도 나는 경청한다[I Think You're Wrong(But I'm Listening)]》(토머스 넬슨, 2019년)를 통해 먼저 접했을지도 모른다. 나는 "모든 사람이 베스를 친구로 삼아야 한다"고 입이 닳도록 말하고 다닌다.

17. 앤 라모트, 《거의 모든 것(Almost Everything)》(리버헤드 북스, 2018년), 21~23쪽.

18. 샐리 M. 윈스턴, 마틴 N. 세이프 《내가 원하지 않는 생각 극복하기(Overcoming Unwanted Intrusive Thoughts)》(뉴 하빈저 퍼블리케이션, 2017년), 7쪽.

19. 필 패턴, 〈목록에 대한 갈망〉, 《뉴욕 타임스》(2012년 9월 1일), https://www.nytimes.com/2012/09/02/opinion/sunday/our-longing-for-lists.html. 기사에는 줄리엔스 옥션스 베벌리힐스가 제공한 조니 캐시의 할 일 목록 사진이 담겨 있다. 이 목록은 2010년 12월 5일 경매에서 6250달러에 팔렸다.

20. 에이미 모린, 《나는 상처받지 않기로 했다(13 Things Mentally Strong People Don't Do)》(하퍼콜린스, 2019년), 109쪽.

21. 같은 책, 116쪽.

22. 파블로 브리뇰, 리처드 E. 페티, 마르가리타 개스코 리바스, 하비에르 호르카요, 〈생각을 물질적 대상으로 취급하면 평가에 미치는 영향을 증가시키거나 감소시킬 수 있다〉, 《심리과학(Psychological Science)》 24권 1호, 2012년 11월, 41~47쪽.

23. 수잔 놀렌 혹스마, 《생각이 너무 많은 여자》(헨리 홀트, 2003년), 61쪽.

## 제3장 | 자유를 위해 자신을 통제할 것

1. 트와일라 타프, 《천재들의 창조적 습관(The Creative Habit : Learn It and Use It for Life)》(사이먼&슈스터, 2003년), 15쪽.

2. 메이슨 커리, 《리추얼》(앨프리드 A. 크노프, 2013년), xiv 쪽. 역시 같은 쪽에서 커리는 "이 책의 제목은 의식에 관한 것이지만 내가 쓰고자 집중한 것은 사람들의 일상이었다" 라고 기록한다.

3. 마이클 루이스, 〈오바마의 방식〉, 《베너티 페어(Vanity Fair)》(2012년 9월 11일), https://www.vanityfair.com/news/2012/10/michael-lewis-profile-barack-obama.

4. 캐리 도너번, 《뉴욕 타임스》(1977년 8월 28일, 225쪽), 2019 년 6월 7일자 온라인 뉴욕 타임스, https://www.nytimes.com/1977/08/28/archives/feminisms-effect-on-fashion.html.

5. 윌리엄 노리치, 〈모티머에서 만난 캐리 도너번, 고전적인 네이비 레이디〉, 《옵서버》(1988년 1월 26일), https://obser ver.com/1998/01/at-mortimers-with-carrie-donovan-the-old-navy-lady.

6. 레슬리 M. M. 블룸, 〈그레이스 코딩턴이 말하는 전통적이지 않은 아름다움, 깡마른 모델들 그리고 본인의 '유행을 타지 않는' 옷장〉, 허핑턴 포스트 : 라이프(Huffington Post : Life)(2010년 3월 18일), https://www.huffpost.com/entry/grace-coddington-talks-un_n_329008.

7. 제니퍼 L. 스코트,《시크한 파리지엔 따라잡기(Lessons from Madame Chic)》(사이먼&슈스터, 2011년), 41~56쪽.
8. 배리 슈워츠,《점심메뉴 고르기도 어려운 사람들(The Paradox of Choice)》(하퍼콜린스, 2005년), 30쪽.

## 제4장 | 다른 사람의 도움을 받는 법

1. 제이미 B. 골든과 함께 진행하는 오래된 팟캐스트 〈녹스& 제이미〉의 녹스 매코이를 처음 접했다면 지금 당장 찾아 보기 바란다. 그는 아주 훌륭한 저서《놀라운 몇 년(The Wondering Years)》(토머스 넬슨, 2018년)의 저자이기도 하다.
2. 메그 티츠의 최고 팟캐스트 〈꽤 멋진 것들(Sorta Awesome)〉을 어디서든 찾아서 들어 볼 수 있다.
3. 마이퀼린의 놀라운 아이디어가 궁금하다면 그녀의 저서 《아늑한 미니멀리스트의 집(Cozy Minimalist Home)》(그 랜드 래피즈 : 존더반, 2018년)을 추천한다.

# 제3부 | 좋은 날이 올 것이다

## 제2장 | 의식의 놀라운 힘

1. 앨리슨 우드 브룩스, 줄리아나 슈뢰더, 제인 리즌, 프란

체스카 지노, 아담 D. 갈린스키, 마이클 I. 노턴, 모리스 슈바이처, 〈신념을 멈추지 말라 : 불안감을 줄임으로써 성과를 향상시키는 의식〉,《조직적 행동과 의사 결정 과정(Organizational Behavior and Human Decision Processes)》137권(2016년 11월), 71~85쪽.

2. 이 주제에 대한 종합적인 연구는 샌드라 L. 호퍼스와 존 F. 샌드버그의 〈1981년부터 1997년까지 미국 아이들의 시간 속 변화〉,《라이프 연구의 발전(Advances in Life Course Research)》(2001년 12월), 193~229쪽을 통해 살펴볼 수 있다. 그 외 더 많은 최신 연구를 포함한 정보는 https://thefamilydinnerproject.org에서 찾아볼 수 있다.

### 제3장 | 과소비할 권리

1. 토머스 길로비치, 아미트 쿠마르, 〈우리는 언제나 파리를 꿈꾼다〉,《실험적 사회 심리학 진보에 관한 연구 저널(Advances in Experimental Social Psychology)》51호, 163쪽.

### 제4장 | 작은 변화가 주는 삶의 풍요로움

1.《코티지 치즈는 줄이고 아이스크림을 더 먹자 : 어마 봄벡의 삶에 관한 생각(Eat Less Cottage Cheese and More Ice Cream : Thoughts on Life from Erma Bombeck)》(앤드루

스 맥밀 퍼블리싱, 2003년).
2. 아이리스 머독, 《바다여, 바다여(The Sea, the Sea)》(샤토& 윈더스, 1978년), 81쪽.


### 에필로그 | 평화와 기쁨이 있는 자유로운 삶을 위하여

1. 랠프 월도 에머슨, 《랠프 월도 에머슨의 전집(The Complete Works of Ralph Waldo Emerson)》 12권(휴턴 미플린, 1903~1904년), 10쪽.
2. 웬들 베리, 《지식의 역습(The Way of Ignorance)》(슈메이커&호드, 2005년), 26쪽. 인용문의 전체 구절은 다음과 같다.

"바다의 건강은 강의 건강에 달려 있다. 강의 건강은 그보다 더 작은 강에 달려 있다. 작은 강의 건강은 시냇물의 건강에 달려 있다. 물의 건강은 땅의 건강과 같고, 작은 곳의 건강은 넓은 곳의 건강과 같다. 우리가 알고 있듯 질병은 통제하기 어렵다. 자연의 법칙이 곳곳에서 적용되기 때문에 감염원 역시 움직인다."

"우리는 작은 곳과 작은 개울을 무시하면서 대륙과 바다를 면역시킬 수 없다. 작은 파괴가 합쳐지면 결국은 전체적으로 큰 파괴가 이루어진다."

3. 셜리 에르나 머레이, 〈태어난 모든 이를 위해, 식탁으로 모이라(For Everyone Born, a Place at the Table)〉(호프 퍼블리싱 컴퍼니, 1998년).

4. 이 축복의 기도문 출처는 찾기가 쉽지 않았다. 신부님은 토머스 머튼의 저서《관상기도(Contemplative Prayer)》(크라운 퍼블리싱, 1996년)를 소개한 탁닛한의 기도문을 각색한 것이라고 했다. 그리고 이 기도문은 불교의 모든 학교에서 행해지는 고대 불교 기도의 한 표현을 빌린 것이다.

# 도서 추천

열성적인 책벌레인 나는 이 책을 쓰며 지나친 고민의 다양한 측면에 대한 연구를 정말 온 마음으로 즐겼다. 이 주제에 대해 더 자세히 알아보고 싶은 독자에게 다음의 책들을 적극 추천한다(국내에 번역 출간된 책은 역자와 출판사를 함께 소개한다 — 역주).

**《리추얼》(메이슨 커리 지음 | 강주헌 옮김 | 책읽는수요일)**
이 책은 정말 이보다 간단할 수 없다. 작가와 작곡가, 화가, 안무가, 극작가, 시인, 철학가, 조각가, 영화 제작자, 그리고 오늘날과 수백 년 전 과학자들의 일상에 대한 고찰이다. 각 예술가의 일상의 리듬을 즐거운 마음으로 여유롭게 읽어 보자. 결코 일상에 대한 사용 설명서가 아니다. 각 페이지에 녹아 있는 일상과 의식은 혼란스럽고 모순되며, 얼마나 많은 예술가의 삶과 경력이 약물 남용으로 망가졌는지를 드러낸다. 그러나 읽다 보면 나의 삶의 구조가 어떻게 구성되었는지를 파악할 수 있는 훌륭한 책이

될 것이다. 책을 통해 영감을 얻고, 본인의 일이 정체되거나 방해
받는다는 느낌을 받을 때면 책 속으로 다시 돌아가 볼 것.

### 《침묵의 화학(The Chemistry of Calm)》(헨리 에먼스 지음)

팟캐스트의 게스트가 '다음에는 무슨 책을 읽을까?' 코너에서
추천해 준 책이다. 저자는 정신적·육체적 안녕을 위해 기반을 튼
튼하게 구축하라고 외친다. 좀 더 세부적으로 들어가면, 헨리 에
먼스는 올바른 식습관, 규칙적인 운동, 영양제, 그리고 명상 실천
이 우리 몸과 감정에 어떤 영향을 미치는지 탐구한다. 그는 또한
불안감이 왜 오늘날 많은 사람에게 영향을 미치는지 살피고, 일
곱 가지 형태의 불안을 소개하며 어떻게 하면 몸과 마음의 탄력
성을 기를 수 있는지도 탐구한다. 나는 이 책을 읽을 때마다 우
리의 문제가 너무 복잡해서 좋은 음식이나 운동, 수면과 같은 간
단한 것의 도움을 받을 수 없을 때도 기본을 소홀히 해서는 안 된
다는 사실을 깨닫곤 한다.

### 《삶을 결정하는 확실한 방법(The Next Right Thing : A Simple, Soulful Practice for Making Life Decisions)》(에밀리 프리먼 지음)

프리먼은 만성적으로 망설이는 사람들, 일이 벌어지고 나서야

후회하는 사람들, 그리고 결정 피로 때문에 힘들어 하는 모든 사람을 위해 이 책을 썼다. 나는 저자의 팟캐스트 역시 너무나 좋아한다. 이 멋진 책은 그 자체로도 훌륭하지만 저자가 자신의 이야기를 직접 들려주는 팟캐스트를 들어 보는 것도 강력히 추천할 만하다. 당신이 과도기의 계절을 지나고 있든, 아니면 단순히 일상생활의 거친 가장자리를 매끄럽게 다듬고 싶어 하든 상관없이 저자는 훌륭한 조언을 제공한다. 그녀의 기도와 실천은 당신의 기분을 상쾌하게 해 주고 다음 단계로 나아가게 만들어 줄 것이다.

《몰입(Rapt)》(위니프리드 갤러거 지음)

위니프리드 갤러거의 이야기는 아주 무서운 진단으로 시작된다. 암울한 미래의 예후를 깨달은 저자는 병을 치료하는 상황에서는 병명만으로도 우리의 주의를 끌 수 있다고 말한다. 즉 삶의 질은 자신이 관심을 기울이기로 선택한 것에 의해 결정된다는 뜻이다. 저자는 한정된 정신적 자원을 현명하게 쓰기로 결심하고, 병에 집중하기보다 산책이나 영화와 같은 작은 즐거움과 삶에 의미를 부여하는 커다란 즐거움에 자신의 삶을 집중한다. 이 책에서 저자는 관심의 힘, 그리고 그 힘을 어떻게 키울 것인지, 그 행위가 왜 중요한지 등에 대해 독자들과 나눈다.

《자신 있게 결정하라》(칩 히스, 댄 히스 지음 | 안진환 옮김 |
웅진지식하우스)

일화 중심의 이 비즈니스 서적은 결정이 왜 그렇게 어려운지
를 탐구한다. '직원을 해고할 것인가?'부터 '위험한 골수 이식을
받을 것인가?'에 이르기까지 다양한 사례 연구를 통해 더 나은
결정 방법을 가르쳐 준다. 히스 형제는 똑똑하고 위트 있는 자
세로 결정권이 전형적인 사업 비법보다 백만 배는 더 낫다는 것
을 가르쳐 준다. 결정을 내리는 데 어려움이 없는 사람에게도
유용한 책이다. 나 역시 이 책에서 배운 정보를 거의 매일 사용
한다.

《나는 상처받지 않기로 했다》(에이미 모린 지음 | 유혜인 옮김
| 비즈니스북스)

심리 치료사라는 직업을 통해 저자는 자신의 가장 큰 잠재력
에 도달하고자 하는 사람들은 역효과를 내는 나쁜 습관을 길들
이지 않는다는 점을 발견한다. 이런 사람들은 자신이 하고 싶은
것을 통해 발전한다. 이 책에는 사고 패턴, 습관, 일상에 관해 생
각할 수 있는 다양한 소재와 더불어 정신력 발달과 유지를 도와
주는 여러 가지 조언이 담겨 있다. 완벽주의, 지나친 고민, 자기
의심, 칭찬 의심하기 등이 왜 그렇게 파괴적인지, 그리고 여성

이 해야 할 일이 무엇인지를 잘 드러낸다. 그녀의 저서가 괜찮다면 후속작인 《강한 여성이라면 절대 하지 않을 열세 가지(13 Things Mentally Strong Women Don't Do)》도 읽어 볼 것을 추천한다.

## 《천재들의 창조적 습관》(트와일라 타프 지음 | 노진선 옮김 | 문예출판사)

이 책에서 세계적인 안무가 트와일라 타프는 "춤추는 사람들의 삶은 반복이 전부"라며 자신의 삶이 반복적인 일상을 중심으로 어떻게 전개되는가를 친절히 보여 준다. 저자는 창의성이란 어떤 행운을 가진 사람들의 속성이 아니라 우리 모두가 기를 수 있는 것이라고 주장한다. 또한 우리가 알고 있는 유명한 천재들이 어떻게 창조적인 삶의 일상적 구조를 만들었는지를 들려주면서 우리도 얼마든지 창조성의 대가가 될 수 있다고 강조한다. 정말 고무적이고 놀라울 정도로 실용적인 책이다.

## 《시간 전쟁》(로라 밴더캠 지음 | 이영래 옮김 | 더퀘스트)

많은 사람이 엄청난 일을 해내면서도 시간을 보내는 자기 방식에 대해 좌절한다. 저자는 매우 바쁜 일상 속에서도 높은 생산성을 갖는 사람들의 행동을 조사해 그들의 성공 노하우를 밝

혀낸다. 또한 실제 일화를 토대로 일곱 가지 핵심 사고방식의 변화를 제시한다. 이 책을 읽다 보면 도움이 되기도 하고 재미있기도 하다.

**《마음의 혁신》(달라스 윌라드 지음 | 윤종석 옮김 | 복있는사람)**

다 이해하고 나면 정말 모든 게 바뀔 것 같은 책을 만나 본 적 있는가? 서던 캘리포니아 대학에서 48년을 보낸 철학과 교수 고(故) 달라스 윌라드의 글을 보며 나는 그런 감정을 느꼈다. 이 책은 정말 너무나 재미있어 평소 속도의 4분의 1로 읽을 정도였다. 꼭 하나를 골라야 한다면 나는 이 책을 기독교인들에게 추천하고 싶다. 자신의 내면을 그리스도를 닮도록 세심하게 가꾸고자 하는 사람들을 위해 말이다. 구체적으로 이 책은 몸과 영혼과 마음과 정신이 어떻게 하나로 합쳐져 당신이란 사람을 만드는가에 관한 영적 형성을 말한다. 취재하기 위해 적어도 다섯 번은 읽었지만, 여전히 이해고자 노력해야 하고 풍부한 통찰이 가득한 책이다.

**《내가 원하지 않는 생각 극복하기(Overcoming Unwanted Intrusive Thoughts)》(샐리 M. 윈스턴, 마틴 N. 세이프 지음)**

이 책은 제목이 모든 것을 말해 준다. 아마도 당신이 읽어 본

적 없는 최고의 책이 될 것이다. 이 실용적인 안내서를 통해 두 저자는 불편한 진실을 다루는 법을 설명한다. 우리의 소중한 관심이 쓰레기 같은 것에 방해받을 때가 있다. 이는 예기치 않은 순간 우리 모두에게 일어날 수 있는 일이다. 두 저자는 거슬리는 생각이 무엇인지 탐구하고, 이런 반갑지 않고 끈질긴 생각에 둘러싸일 때 이를 극복할 방법을 제시한다.

# 옮긴이의 글

요즘 나는 그리고 우리는 모든 게 분리된 생활을 수개월째 지속하고 있다. 거리두기와 마스크 따위가 아주 작은 단위의 '나'를 울타리 속에 가두었다는 기분이 든 지도 퍽 오래되었다. 1년이 넘어가는 지금, 나와 비슷한 우울감을 호소하는 사람이 적지 않다. 누군가는 여행을, 누군가는 직장을, 누군가는 건강을 잃었을 것이다. 그런데 아이러니하게도 5명 단위로 조각난 거리두기의 사회가 지속될수록 우리의 삶은 뚜렷해지는 게 아니라 반대로 흐릿해지는 기분이다. 너무도 평범하던 일상과 긴 시간을 들여 세운 인생의 크고 작은 계획이 기약 없이 멈춤 상태인 느낌이다.

나의 경우, 집에 머무는 시간이 길어지면서 자연히 생활과 일의 구분이 모호해졌다. 내가 세운 계획과 일상이 틀어지니

'생각'이라는 게 많아졌다. 생각은 당연히 고민으로 이어졌다. 언제부터인가 나는 일을 하면서도 머릿속 한편으로 고민을 하고, 고민을 하면서 또 묵묵히 생활을 이어 나가고 있다(아마 긴 시간을 재택근무로 버티고 있는 이들이라면 공감하리라 믿는다).

근래 나의 가장 큰 고민은 '밥을 어디서 먹을 것인가?'였다. 컴퓨터 앞에 오래 앉아 있는 직업을 가진 자의 비극이리라. 계절이 두 번 바뀌는 사이, 적당한 사이즈의 아일랜드 조리대와 식탁을 꾸려 놓고도 나는 자꾸만 컴퓨터 앞에 앉아 끼니를 때우는 버릇이 들었다. 컴퓨터 앞에 앉아서 하는 식사의 장점이라면 우선은 인터넷을 통해 접하는 다양한 콘텐츠를 소위 '밥 친구'로 고를 수 있고, 일의 흐름이 끊기지 않는다. 앉은 자리에서 휴대폰만 몇 번 만지면 밥이 집 앞으로 배달되고, 일을 하다가 키보드만 밀어 놓은 채 바로 식사할 수 있으니 바쁘디바쁜 현대 사회에서 이만큼 효율이 높은 것도 없는 듯했다. 그러던 최근, 몸이 예전 같지 않음을 느꼈다. 유행병을 핑계로 미루던 운동과 계속되는 불규칙한 생활의 결과였다. 어느 순간 나 자신이 '밥'뿐만 아니라 다른 기본적인 것들까지 소홀히 하고 있다는 걸 깨달았다. 각각의 행위에 걸맞은 시간과 노력, 인간의 존엄성을 포기한 채 컴퓨터 앞에 앉아 자본

주의가 낳은 괴물처럼 일과 의식주를 병행하는 추태를 보이고 만 것이다.

밥 한 끼에서 시작된 걱정에 덜컥 심장이 내려앉으며 머릿속이 뿌옇게 흐려졌다. 저자가 미리 경고한 대로, 나의 고민은 굴레를 타고 타서 종국엔 '한 해의 상반기가 절반 이상 지난 지금, 과연 나는 옳게 살고 있을까?'라는 인생의 고찰로 이어졌다. 분석 마비와 반추의 덫에 빠진 순간, 내 일상과 행동, 인생의 방향까지 모든 게 고민이 되어 버렸다.

《너무 고민하지 마》는 우리의 크고 작은 고민을 어떻게 명민하게 분석하고, 반추하고, 해결해야 하는지를 알려 주는 지도서이다. 당장 해결해야 할 고민부터 애매모호하고 불분명한 인생의 고민, 쓸데없는 시간 낭비임을 알면서도 헤어 나올 수 없는 시답잖은 고민까지, 우리의 생각과 에너지를 갉아먹는 머릿속 나 자신과의 싸움을 지혜롭게 정의하고 중요한 것과 중요하지 않은 것을 골라 차곡차곡 순서를 매길 수 있게 도와준다.

저자가 말하듯 머리를 사용해야 하는 고민은 일종의 사고(思考)이며, 사고를 통제한다는 게 얼마나 힘들고 어려운 일인지 우리 모두 알고 있다. 사고의 통제 범위는 당장 시켜 먹고 싶은 오늘 밤의 치킨 한 마리부터 인생의 2막을 위한 이

직, 결혼, 창업까지 너무도 방대하다. 이 책을 통해 우리는 지나친 고민을 극복할 여러 가지 방법에 대해 탐구하고 내 삶을 통제하고 이끌어 나갈 좋은 방법들을 배울 수 있다.

나는 각 장에서 제시하는 다양한 실천법이 우리가 가진 고민의 무게를 조금은 덜어 주고 해결 과정을 간소화해 주길 간절히 바라며 이 책을 번역했다. 우리 모두 저자 앤 보겔의 조언에 따라 자신의 고민 중 해결해야 할 것들을 추려 한 걸음씩 나아가며 작은 것부터 바꾸는 노력을 하고, 분석 마비에 빠지지 않게 주의를 기울이며 가끔은 실패해도 의연할 수 있는 건강한 정신을 기를 수 있기를 희망한다.

개인이 마음에 품는 고민의 짐은 사람마다 그 양도, 무게도 다르다. 성격이나 성향에 따라 갈리기도 한다. 누군가에게는 어마어마한 무게로 다가가는 것이 누군가에게는 가볍디가벼운 것이기도 하다. 그러나 저자는 이 모든 것을 가볍다고 치부하거나 무시하지 않는다. 도리어 높은 공감 능력과 다양한 일화를 통해 소개하고, 해결법을 제안한다.

이 책을 번역하며 배운 몇 가지 조언에 따라 '밥을 어디서 먹을 것인가?'에서 시작한 나의 고민이 실은 '일상을 어떻게 분리할 것인가?'에 대한 고민이었음을 파악했다. 고민의 주체가 명확해지자, 나는 우선 생활 공간부터 정리하기로 마음먹었다. 집 구석구석을 분리해 일과 생활을 뚜렷하게 구분하고, 일상이 일의 공간을 침범하는 것을 막았다. 또 저자처럼 일이 바쁜 시기에는 '실행 모드'를 걸어 놓고 사소한 일상의 고민은 되도록 차단했다. 마지막으로, 주변에 도움을 청했다. 아주 단출한 식사여도 좋으니 하루 한 번은 꼭 타인과 함께하는 식사 시간을 만든 것이다.

반신반의하며 시작했으나 효과는 빠르게 나타났다. 우선 하나에 집중할 수 있으니 일과 일상의 효율이 높아졌다. 일을 할 때는 일에만 집중할 수 있었고, 일 처리가 빨라지니 그만큼 일상을 돌볼 시간적·심적 여유도 늘어났다. 또 내가 스스로 움직여 고민을 해결했다는 성취감이 따랐다. 일에서 맛보는 성취와는 조금 결이 다른 뿌듯함이었다. 나 스스로를 올곧고 알차게 돌보면서 살았다는 만족감이 부정적인 생각을 줄여 주었다. 이렇게 한 달을 보내자 실제 생활에도 변화가 생겼다. 내가 정해 놓은 시간표를 따르는 게 점점 더 쉬워졌으며, 휴식 시간에는 휴식에만 전념하고 식사 시간에는 식사에만 전념할 수 있게 되었다. 나 스스로 통제가 가능한 선에서 구체적인 일정 꾸리기가 가능해졌고, 심적으로 여유가 생기니 업무적으로도 예상치 못한 상황에 대비한 예비 시간을 만들 수 있었다. 다시 말해, 고민의 과정이 짧아지고, 단순하고 평탄한 한 달을 보낸 것이다.

저자는 단순한 일상이 단순한 사고 체계를 만든다고 말한다. 여기서 단순함이란, 백치와 같은 무지(無智)가 아니다. 책의 후반부인 제3부부터는 단순함을 꾸리는 방법을 소개하는데, 그중에서도 특히 습관적인 '루틴'을 의식으로 만드는 팁이 상당히 도움이 되었다. 아침에 한 번, 밤에 한 번 나에게 맞는 10분의 시간을 투자하면 하루의 시작과 끝이 상당히 차분해지고 매끄러워진다는 걸 이 책을 읽은 모두에게 전하고 싶다.

이 책을 번역하던 그때도, 후기를 적는 지금도, 세상은 아직도 얇은 마스크에 의존해 돌아가는 중이다. 우리가 통제할 수 없는 것이 일상과 인생을 가로막는 지금, 우리 앞에 놓인 고민 역시 이전의 고민과는 차원이 다른 범위로 확장되는 건 아닐까 우려스럽기도 하다. 하지만 전 세계의 과학자와 의료계가 달려들어도 무찌르기 어려운 '코로나'와 달리 '나'의 문제는 내가 해결할 수 있다. 일상의 다반사가 통제당하는 요즘, 지금 당장 스스로 실천할 수 있는 것부터 해결하는 자세를 키워 미리 대비한다면, 훗날 마스크 없이 자유로워질 세상이 왔을 때 조금 덜 당황하고 조금 더 의연한 자세로 고민 없이 자유를 만끽할 수 있지 않을까 싶다.

고민은 시작부터 해결까지 '나' 혼자 오롯이 해야 하는 일이며, 따라서 고민을 줄이는 것은 곧 '나'를 돌보는 일이라고 믿는다. 온전히 나에게 집중할 시간이 반강제적으로 주어진 지금이 어쩌면 우리에게는 스스로를 돌아보고 수선할 최적의 시기는 아닐까 하는 조심스러운 주장을 펼쳐 본다. 그리고 이 책이 그런 우리에게 적절한 선물은 아닐지.

마지막으로, 이 책을 읽은 당신의 고민이 부디 잔잔해지기를 바란다. 그리하여 저자의 뜻대로 당신의 몸과 마음이 평안하고 행복하며 가벼워지기를, 그래서 산뜻하고 견고하며 자유로이 살 수 있기를, 더불어 건강하고 도움이 되는 생각으로 당신의 소중한 시간이 쓰이기를 바라는 바이다.


2021년 늦봄
김나연

DON'T OVERTHINK IT by Anne Bogel
Copyright© 2020 by Anne Bogel
Originally published in English under the title Don't Overthink it by
Baker Books, a division of Baker Publishing Group, Grand Rapids,
Michigan, 49516, U. S. A.
All rights reserved.
This Korean edition was published by 2B in 2021 by arrangement
with Baker Publishing Group through KCC(Korea Copyright Center
Inc.), Seoul.

**초판 인쇄** 2021년 6월 9일 / **초판 발행** 2021년 6월 14일
**지은이** 앤 보겔 / **옮긴이** 김나연
**교정·교열** 신윤덕 / **디자인** 김서희 / **제작** 세걸음
**펴낸이** 박세원 / **펴낸곳** ㅇㅣㅂㅣ
**출판 등록** 2020-000159(2020년 6월 17일)
**주소** 서울시 마포구 신촌로2길 19 출판문화진흥센터 3층 P24
**전화** 070-884-2047 / **팩스** 0504-227-2047
**전자우편** 2b-books@naver.com
**블로그** https://blog.naver.com/2b-books
**ISBN** 979-11-971644-2-2(03190)

잘못되거나 파손된 책은 구입하신 서점에서 교환해드립니다.
책값은 뒤표지에 있습니다.